Ran

Göttin des Meeres – Mutter der Sonne
Frau des Ägir – neunfache Riesin

Band 27 der Reihe "Die Götter der Germanen"

Bücher von Harry Eilenstein:

- Astrologie (496 S.)
- Photo-Astrologie (64 S.)
- Tarot (104 S.)
- Handbuch für Zauberlehrlinge (408 S.)
- Physik und Magie (184 S.)
- Der Lebenskraftkörper (230 S.)
- Die Chakren (100 S.)
- Meditation (140 S.)
- Drachenfeuer (124 S.)
- Krafttiere – Tiergöttinnen – Tiertänze (112 S.)
- Schwitzhütten (524 S.)
- Totempfähle (440 S.)
- Muttergöttin und Schamanen (168 S.)
- Göbekli Tepe (472 S.)
- Hathor und Re:
    - Band 1: Götter und Mythen im Alten Ägypten (432 S.)
    - Band 2: Die altägyptische Religion – Ursprünge, Kult und Magie (396 S.)
- Isis (508 S.)
- Die Entwicklung der indogermanischen Religionen (700 S.)
- Wurzeln und Zweige der indogermanischen Religion (224 S.)
- Der Kessel von Gundestrup (220 S.)
- Cernunnos (690 S.)
- Christus (60 S.)
- Odin (300 S.)
- Die Götter der Germanen (Band 1 – 80)
- Dakini (80 S.)
- Kursus der praktischen Kabbala (150 S.)
- Eltern der Erde (450 S.)
- Blüten des Lebensbaumes:
    - Band 1: Die Struktur des kabbalistischen Lebensbaumes (370 S.)
    - Band 2: Der kabbalistische Lebensbaum als Forschungshilfsmittel (580 S.)
    - Band 3: Der kabbalistische Lebensbaum als spirituelle Landkarte (520 S.)
- Über die Freude (100 S.)
- Das Geheimnis des inneren Friedens (252 S.)
- Von innerer Fülle zu äußerem Gedeihen (52 S.)
- Das Beziehungsmandala (52 S.)
- Die Symbolik der Krankheiten (76 S.)

Kontakt: www.HarryEilenstein.de / Harry.Eilenstein@web.de
Impressum: Copyright: 2011 by Harry Eilenstein – Alle Rechte, insbesondere auch das der Übersetzung, vorbehalten. Kein Teil des Buches darf ohne schriftliche Genehmigung des Autors und des Verlages (nicht als Fotokopie, Mikrofilm, auf elektronischen Datenträgern oder im Internet) reproduziert, übersetzt, gespeichert oder verbreitet werden.
Herstellung und Verlag: BoD - Books on Demand, Norderstedt
ISBN: 9783743118027

Die Themen der einzelnen Bände der Reihe „Die Götter der Germanen"

1. Die Entwicklung der germanischen Religion
2. Lexikon der germanischen Religion
3. Der ursprüngliche Göttervater Tyr
4. Tyr in der Unterwelt: der Schmied Wieland
5. Tyr in der Unterwelt: der Riesenkönig Teil 1
6. Tyr in der Unterwelt: der Riesenkönig Teil 2
7. Tyr in der Unterwelt: der Zwergenkönig
8. Der Himmelswächter Heimdall
9. Der Sommergott Baldur
10. Der Meeresgott: Ägir, Hler und Njörd
11. Der Eibengott Ullr
12. Die Zwillingsgötter Alcis
13. Der neue Göttervater Odin Teil 1
14. Der neue Göttervater Odin Teil 2
15. Der Fruchtbarkeitsgott Freyr
16. Der Chaos-Gott Loki
17. Der Donnergott Thor
18. Der Priestergott Hönir
19. Die Göttersöhne
20. Die unbekannteren Götter
21. Die Göttermutter Frigg
22. Die Liebesgöttin: Freya und Menglöd
23. Die Erdgöttinnen
24. Die Korngöttin Sif
25. Die Apfel-Göttin Idun
26. Die Hügelgrab-Jenseitsgöttin Hel
27. Die Meeres-Jenseitsgöttin Ran
28. Die unbekannteren Jenseitsgöttinnen
29. Die unbekannteren Göttinnen
30. Die Nornen
31. Die Walküren
32. Die Zwerge
33. Der Urriese Ymir
34. Die Riesen
35. Die Riesinnen
36. Mythologische Wesen
37. Mythologische Priester und Priesterinnen
38. Sigurd/Siegfried
39. Helden und Göttersöhne
40. Die Symbolik der Vögel und Insekten
41. Die Symbolik der Schlangen, Drachen und Ungeheuer
42. Die Symbolik der Herdentiere
43. Die Symbolik der Raubtiere
44. Die Symbolik der Wassertiere und sonstigen Tiere
45. Die Symbolik der Pflanzen
46. Die Symbolik der Farben
47. Die Symbolik der Zahlen
48. Die Symbolik von Sonne, Mond und Sternen
49. Das Jenseits
50. Seelenvogel, Utiseta und Einweihung
51. Wiederzeugung und Wiedergeburt
52. Elemente der Kosmologie
53. Der Weltenbaum
54. Die Symbolik der Himmelsrichtungen und der Jahreszeiten
55. Mythologische Motive
56. Der Tempel
57. Die Einrichtung des Tempels
58. Priesterin – Seherin – Zauberin – Hexe
59. Priester – Seher – Zauberer
60. Rituelle Kleidung und Schmuck
61. Skalden und Skaldinnen
62. Kriegerinnen und Ekstase-Krieger
63. Die Symbolik der Körperteile
64. Magie und Ritual
65. Gestaltwandlungen
66. Magische Waffen
67. Magische Werkzeuge und Gegenstände
68. Zaubersprüche
69. Göttermet
70. Zaubertränke
71. Träume, Omen und Orakel
72. Runen
73. Sozial-religiöse Rituale
74. Weisheiten und Sprichworte
75. Kenningar
76. Rätsel
77. Die vollständige Edda des Snorri Sturluson
78. Frühe Skaldenlieder
79. Mythologische Sagas
80. Hymnen an die germanischen Götter

Inhaltsverzeichnis

Ran

I Ran in der Überlieferung der Germanen — 8

I 1. Der Name „Ran" — 8

I 2. Ran und Ägir — 9
I 2. a) Skaldskaparmal — 9
I 2. b) Skaldskaparmal — 11

I 3. Ran die Meeresgöttin — 13
I 3. a) Skaldskaparmal — 13
I 3. b) Das erste Lied über Helgi Hunding-Töter — 14
I 3. c) Egil Skallagrimson — 15
I 3. d) Das Lied über Helgi Hiövard-Sohn — 16
I 3. e) Hattatal — 16
I 3. f) Odins Runenlied — 17

I 4. Das Netz der Ran — 18
I 4. a) Skaldskaparmal — 18
I 4. b) Völsungen-Sage — 18
I 4. c) Gylfis Vision — 18

I 5. Ran die Göttin der Wiedergeburt — 21
I 5. a) Das andere Gudrun-Lied — 21

I 6. Die Halle der Ran — 24
I 6. a) Lausavisur — 25
I 6. b) Fridthjof-Saga — 25
I 6. c) Die Saga über die Siedler von Eyre — 25
I 6. d) Skaldskaparmal — 26
I 6. e) Gylfis Vision — 26
I 6. f) Grimnir-Lied — 27
I 6. g) Beowulf-Epos — 27

I 7. jemanden zur Ran senden — 33
I 7. a) Saga über Hovard von den Eisfjord-Leuten — 33
I 7. b) Das Lied über Helgi Hiörward-Sohn — 33

I 8. Rindr, Ran und Groa — 34
I 8. a) Groas Zauberlied — 34

I 9.	Ran als Seekuh	37
I 9. a)	Gesta danorum	37
I 10.	Ran in Kenningarn u.ä.	39
I 10. a)	Kenningar	39
I 10. b)	Ragnarsdrapa	40
I 11.	Zusammenfassung	41

Kaldrani

II	Kaldrani in der germanischen Überlieferung	42

Die neun Töchter der Ran

III	Die neun Töchter der Ran in der germanischen Überlieferung	44
III 1.	Die neun Töchter der Ran	45
III 1. a)	Skaldskaparmal	44
III 1. b)	Sonnenlied	44
III 1. c)	Skaldskaparmal	45
III 1. d)	Hervor-Saga	45
III 1. e)	Hjalmthes-Saga	46
III 1. f)	Das erste Lied über Helgi Hunding-Töter	47
III 2.	Die neun Mütter des Heimdall	48
III 2. a)	Gylfis Vision	48
III 2. b)	Hyndla-Lied	48
III 3.	Die neun Dienerinnen der Freya-Menglöd	50
III 3. a)	Fiölswin-Lied	50
III 4.	Die neun Schwestern und Frigg und Freya	51
III 4. a)	Skaldskaparmal	51

Margerdr

IV	Margerdr in der germanischen Überlieferung	52

Mardöll

V	Mardöll in der germanischen Überlieferung	54

Hleidi

VI Hleidi in der germanischen Überlieferung	**56**
VI 1. Der Name „Hleidi"	56
VI 2. Die Saga über Bosi und Herraud	56
VI 3. Die Stadt Hleidra	61

Die Meeresgöttin

VII Die Meeresgöttin in der indogermanischen Mythologie	**63**
VII 1. Die Meeresgöttin der Balten	63
VII 2. Die Meeresgöttin der Römer	63
VII 3. Die Meeresgöttin der Griechen	64
VII 4. Die Meeresgöttin der Inder	64
VII 5. Die Meeresgöttin der Indogermanen	64
VIII Die Meeresgöttin bei den Nachbarn der Germanen	**66**
VIII 1. Finnen	66
IX Die nostratische Meeresgöttin	**74**
IX 1. Sumer	74
IX 2. Ugarit	74
IX 3. Askalon	75
IX 4. Aramäer	75
X Die eurasiatische Meeresgöttin	**76**
X 1. China	76
XI Die Meeresgöttin in Amerika und Ozeanien	**77**
XI 1. Java	77
XI 2. Inuit	77
XII Die Meeresgöttin in Afrika	**79**
XII 1. Westafrika/Brasilien/Kuba	79
XIII Die Biographie der Ran	**80**
XIII 1. späte Altsteinzeit	80
XIII 2. frühe Jungsteinzeit	80
XIII 3. frühe Indogermanen	80
XIII 4. späte Indogermanen	81
XIII 5. West-Indogermanen	81
XIII 6. Nordgermanen bis 500 n.Chr.	82
XIII 7. Nordgermanen nach 500 n.Chr.	82

XIV	Das Aussehen der Ran	**83**
XV	Zugang zu Ran	**84**
XVI	Hymnen an Ran	**85**
	- Bitte um einen Segen für eine Seereise	85
	- Ran und Hel	87
	- Ran und Ägir	90
XVII	Traumreise zu Ran	**97**
XVI	Ran heute	**102**
	Themenverzeichnis	103

Ran

I Ran in der Überlieferung der Germanen

Ran ist die Göttin des Meeres. Über sie ist nur wenig bekannt, aber die Überlieferungen zeigen, wie wichtig sie für die Germanen in Island und Skandinavien gewesen ist – schließlich waren die Drachenboote der Wikinger auf ihren Raub- und Handelsfahrten ständig von den Launen der Ran bedroht: Stürme, Unwetter, hohe Wogen, Eisberge, leckgeschlagene Schiffe, Kämpfe mit anderen Wikingern auf hoher See, Wale, Seeungeheuer, die am Grunde des Meeres liegende Midgardschlange, der riesige Strudel, den die beiden Riesinnen Fenja und Menja im Nordmeer verursachten und der alle Schiffe hinab in das feuchte Grab zu Ran zogen …

I 1. Der Name „Ran"

Der Name der Göttin Ran beschreibt sehr deutlich das Verhältnis der Germanen und insbesondere der Wikinger zu ihr: Er bedeutet „Räuberin".

Mit „rán" bezeichnete man auch den Besitz von Diebesgut und die Beute. Die Raub-Wirtschaft der Wikinger wurde von ihnen „rán-skapr" genannt – die Wikinger waren somit „Kollegen" der Göttin Ran. Ein „ráns-madr", also ein „Ran-Mann" war ein Räuber.

Der Name „Ran" beschreibt das Angstbild einer Meeresgöttin: Er bedeutet „Räuberin".

I 2. Ran und Ägir

I 2. a) Skaldskaparmal

„Warum wird das Gold 'Ägirs Feuer' genannt?"
„ Diese Geschichte hat denselben Inhalt wie die, die wir gerade berichtet haben:
Ägir ging nach Asgard zu einem Fest, aber als er sich bereit machte, nach Hause zurückzukehren, lud er Odin und alle Asen ein, ihn in drei Monaten besuchen zu kommen.

Da kamen zunächst Odin und Njörd Tyr, Bragi, Vidar, Loki; und ebenso die Asinnen: Frigg, Greya, Gefjun, Skadi, Idun, Sif. Thor war nicht dort, da er in die östlichen Länder gezogen war, um Trolle zu töten.

Als sich die Götter auf ihren Plätzen niederließen, brachte Ägir schnurstracks leuchtendes Gold herein und legte es auf den Boden der Halle und das Gold strahlte Licht aus und erleuchtete die Halle wie Feuer: und es wurde als Beleuchtung bei dem Festessen benutzt so wie in Walhalla Schwerter anstelle von Feuer verwendet wurden.

Dann wechselte Loki scharfe Worte mit allen Göttern und tötete einen von Ägirs Leibeigenen – den, der 'Fünf-Finger' hieß; ein anderer seiner Leibeigenen wurde 'Feuer-Entzünder' genannt.

'Ran' ist der Name von Ägirs Frau, und sie haben neun Töchter – so wie wir das bereits geschrieben haben. An diesem Fest servierten sich alle Dinge selber, sowohl die Speisen als auch das Bier und ebenso alle Dinge, die für ein Fest benötigt werden.

Da gewahrten die Asen, daß Ran das Netz besaß, in dem sie alle, die zur See fuhren, zu fangen versuchte.

Nun soll diese Erzählung ja erklären, wie es kommt, daß Gold das Feuer oder das Licht oder die Helligkeit des Ägir, der Ran oder der Töchter des Ägir genannt wird; und nun werden diese Metaphern auch so benutzt, daß Gold Feuer des Meeres und aller anderer Arten von Meeresnamen genannt wird – so wie auch Ägir und Ran Namen hatten, die mit dem Meer assoziiert wurden. Daher wird Gold nun das Feuer des Wassers, oder der Flüsse oder auch aller Flußnamen genannt."

Aus dieser Erzählung ergibt sich, daß

- Ran die Meeresgöttin ist,
- Ran mit Ägir neun Töchter hat,
- Ran ein Netz besitzt, mit dessen Hilfe sie Seefahrer zu fangen versucht,

- Gold als „Feuer der Ran", „Licht der Ran" und „Helligkeit der Ran" umschrieben werden konnte, und
- Ran durch Begriffe, die mit dem Meer assoziiert wurden, umschrieben werden konnte.

Dadurch, daß Ägir eine der vielen Formen des ehemaligen Sonnengott-Göttervaters ist, der hier die am Abend im Meer versunkene Sonne verkörpert, muß seine Frau Ran ursprünglich die Jenseitsgöttin gewesen sein, die die Sonne und somit auch Tyr am Morgen wiedergebiert. Nach 500 n.Chr., als Tyr durch Thor und Odin abgesetzt worden ist, ist Ran dann nach und nach zu einer gefährlichen Meeres-Totengöttin umgedeutet worden – so ähnlich wie Hel ursprünglich die Jenseitsgöttin im Hügelgrab gewesen ist und dann zu der Schreckens-Gestalt im Totenreich wurde.

Das leuchtende Gold in der Halle der Ran und des Ägir geht offensichtlich auf die Sonne in der nächtlichen Wasserunterwelt zurück. Die Unterwasserhalle der Ran findet sich auch bei der Göttin Saga und bei der Göttin Frigg (Fensalir = Sumpfsaal). Die früheste Beschreibung dieser Halle findet sich im Beowulf-Epos, in dem die Mutter des Tyr-Riesen Grendel in einer Halle am Grunde eines Sees oder Sumpfes wohnt. Selbst der Name „Grendel", den Tyr hier als als Riese in der Unterwelt trägt, bedeutet „Grund" im Sinne von „Ort in der Tiefe".

Die neun Töchter der Ran und des Ägir sind Ran selber. Die Zahl „9" wurde von den Germanen und auch von den meisten anderen indogermanischen Völkern wie ein Adjektiv mit der Bedeutung „zum Jenseits gehörig" verwendet.

Die Germanen hatten die Vorstellung, daß sich die Toten im Jenseits zunächst zusammen mit der Jenseitsgöttin wiederzeugen mußten, bevor sie von ihr wiedergeboren werden konnten. Auch der Sonnengott-Göttervater zeugte sich jede Nacht selber mit der Göttin wieder und wurde dann am Morgen neu geboren.

Da diese Symbolik in mancherlei Hinsicht ausgebaut worden ist, entstand offenbar schon recht früh, d.h. vor 500 n.Chr., die Vorstellung, daß sowohl der Sonnengott-Göttervater wiedergeboren wurde als auch die Göttin selber, die auf diese Weise zu Geschwistern und zu ihren eigenen Kindern wurden.

Daher erscheint in den Mythen der Germanen sowohl der Sonnengott-Göttervater als auch die Göttin oft zugleich als Vater und Sohn bzw. als Vater und Tochter. Da die Germanen einen Zyklus durch die Zahl „3" dargestellt haben, konnte man die zyklische Wiedergeburt der Sonne durch drei Generationen darstellen: Vater und Mutter, Sohn und Tochter, Enkel und Enkelin.

Das Auftreten der Ran als sie selber und als ihre neun Töchter sind der Rest von solch einer Drei-Generationen-Folge.

Diese Symbolik wird in Band 51 „Wiederzeugung und Wiedergeburt" ausführlich dargestellt.

Das Fest in Asgard findet im Diesseits statt; das Fest bei Ägir und Ran in der

Wasserunterwelt. Das Diesseits wurde mit dem Tag und mit dem Sommer assoziiert; das Jenseits mit der Nacht und dem Winter. Mit dem Fest in Asgard begann der Sommer, der bei den Nordgermanen drei Monate gedauert hat; mit dem Fest bei Ran und Ägir begann der Winter, der bei den Nordgermanen neun Monate gedauert hat.

Die „3" der Anzahl der Sommermonate wurde mit der Sonne und ihrem Zyklus assoziiert; die „9" der Anzahl der Wintermonate wurde mit der Jenseitsgöttin und der Unterwelt assoziiert.

In der Halle des Ägir und der Ran leuchtete die goldene Sonne selber; in der Halle des Odin leuchtete das goldene Schwert des Tyr, das ihm Odin bei der Absetzung des Tyr als Göttervater abgenommen und vervielfältigt hat. Mit dem goldenen Schild des Tyr, den Odin ebenfalls vervielfältigt hat, hat er Walhallas Dach wie mit Schindeln gedeckt ...

I 2. b) Skaldskaparmal

Snorri Sturluson zitiert in seiner Skaldenlehre auch den Skalden Njáll Thorgeirsson:

Ran, wird gesagt, ist Ägirs Frau, so wie es hier geschrieben steht:

Die Glut der Tiefe schoß zum Himmel empor.
die See toste mit fürchterlicher Macht:
ich glaubte, unsere Stämme würden die Wolken aufschlitzen –
Rans Weg bäumte sich aufwärts zum Mond.

Intensiver kann man den Schrecken von hohem Seegang kaum noch schildern als hier.

Die „*Stämme*" sind die Masten der Drachenschiffe. „*Rans Weg*" ist die Meeresoberfläche.

Die Skalden schätzten die Benutzung von Gegensätzen in ihren Liedern:

- Tiefe – Himmel,
- Glut – See,
- Masten der Schiffe auf dem Meer – Wolken am Himmel, und
- Rans Weg (Meer) – Mond.

Die Gedichtform, in der in möglichst jeder Zeile ein solcher Gegensatz benutzt wird, eignete sich insbesondere für dramatische Szenen und wurde „refhvörf" („Fuchs-Wende") genannt. „Fuchs-Wende" ist ein bildhafter Begriff für „Gegensatz" und bezieht sich vermutlich darauf, daß der Fuchs seine ihn verfolgenden Feinde dadurch zu verwirren versucht, daß er Schleifen, Kehren, Haken und ähnliches läuft.

> Ran ist die Jenseitsgöttin in der Wasserunterwelt. Bis 500 n.Chr. ist sie die Wiederzeugungs-Geliebte und die Wiedergeburts-Mutter des damaligen Sonnengott-Göttervaters Tyr gewesen, der als Riese in der Wasserunterwelt Ägir, Gymir, Hler und Njörd genannt worden ist.
>
> In der Odin-zentrierten Religion der Germanen ab 500 n.Chr. ist die frühere Jenseitsgöttin Ran (wie Hel auf dem Land) zu einer Schreckensgestalt geworden. Ran fängt in der Vorstellung der Wikinger die Seeleute mit ihrem Netz.
>
> Die neun Töchter der Ran und des Ägir sind Ran selber – die „9" ist bei den (Indo-)Germanen auch als Adjektiv für „zur Unterwelt gehörig" verwendet worden.
>
> Ran lebt zusammen mit Ägir in einer Halle auf dem Meeresgrund. Dort erscheint Ägir, also der ehemalige Sonnengott-Göttervater Tyr, als das Gold auf dem Fußboden der Halle, das den Saal erleuchtet.

I 3. Ran die Meeresgöttin

I 3. a) Skaldskaparmal

Wie soll man das Meer umschreiben? So: indem man es Ymirs Blut nennt und Besucher der Götter, Mann der Ran, Vater von Ägirs Töchtern, ... Land der Ran und von Ägirs Töchtern ... ...

Für „Meer" werden hier folgende Umschreibungen aufgezählt, die sich auf die Göttin Ran beziehen:
- *„Mann der Ran"* (= Meeresgott Ägir) und
- *„Land der Ran"*.

Und wie Refr sang:

Gymirs naßkalte Seher-Frau
leitet den Bären der verzwirnten Seile
oft in Ägirs weit offenen Rachen,
wenn der wütende Brecher zerstiebt.

Hier wird gesagt, daß Ägir und Gymir beide derselbe sind.

Die *„Seher-Frau"* des Gymir/Ägir ist die Göttin Ran. Gymir, Ägir und auch Hler sind alle drei der ehemalige Sonnengott-Göttervater Tyr in der nächtlichen Wasserunterwelt.
Als Seherin wird Ran hier den Nornen und den Walküren gleichgestellt, die das Schicksal und den Tod verkünden.
Die *„verzwirnten Seile"* sind die Schiffstaue. Der *„Bär der verzwirnten Seile"* ist ein Drachenschiff.
In diesen Versen wird gesagt, daß Ran versucht, die Drachenschiffe in Ägirs weit offenen Rachen zu lenken, d.h. in der Tiefe des Meeres versinken zu lassen.

Und Refr sang weiterhin:

Und der Sleipnir der Meeres-Gipfel
zerschneidet die Regen-gepeitschte Brust,
die Woge – mit roten Flecken
aus dem weißen Mund der Ran.

Die *„Meeres-Gipfel"* sind die hohen Wogen. *„Sleipnir"* ist Odins achtbeiniges Roß. Der „Sleipnir der Meeres-Gipfel" ist ein Drachenboot. Da erstens Sleipnir das Schamanenpferd ist, mit dem Odin oder Hermod in das Jenseits reiten konnten, zweitens ein Drache die Gestalt eines Totengeistes in seinem Hügelgrab ist und drittens die Fahrt über das Meer der Fahrt ins Jenseits verglichen wurde, gibt es auch einen inhaltlichen Zusammenhang zwischen Sleipnir und den Drachenbooten: beide können den Weg in das Unbekannte, die Fremde, das Jenseits fahren – und heil zurückkehren.

Die *„regengetriebene Brust"* ist die Meeresoberfläche, die hier als die Brust der Göttin Ran angesehen wird.

Der *„weiße Mund der Ran"* ist die Gischt auf den Wogen – der Schaum vor dem Mund der Ran. Die roten Flecken sind das Blut, das aus Rans Mund tropft, weil es ihr nicht gelingt, das Drachenschiff zu verschlingen, sondern der Kiel des Drachenschiffes stattdessen in ihren weit aufgerissenen Mund schneidet.

Die Wikinger auf ihren Drachenbooten kämpfen gegen die gierige Göttin des Meeres ...

I 3. b)   Das erste Lied über Helgi Hunding-Töter

Das Motiv des Kampfes der Drachenschiffe gegen die Göttin Ran findet sich auch in diesem Lied, in dem die hohen Wogen als die *„Krallen der Ran"* und als *„Ägirs Tochter"* bezeichnet werden.

Da warf der Steurer die Stevenzelte nieder,
Der Männer Menge damit zu erwecken,
Daß die Fürsten sähen den scheinenden Tag.
An die Segelstangen schnürten die Helden
Das knisternde Gewebe bei Warins Bucht.

Die Ruder ächzten, das Eisen klang,
Schild scholl an Schild, die Seehelden ruderten.
Unter den Edlingen eilend ging
Des Fürsten Flotte den Landen fern.

So war's zu hören, da hart sich stießen
Die kühlen Wellen und die langen Kiele
Als ob Berg oder Brandung brechen wollten.

Helgi hieß das Hochsegel aufziehn,
Als wider Wogen da Woge schlug
Und die tobende Tochter Ägirs
Die starren Rosse zu stürzen gedachte.

Aber Sigrun kam kühn aus den Wolken
Und schützte sie selber und ihre Schiffe.
Kräftig riß sich des Königs Langschiff
Der Ran aus den Krallen bei Gnipalund.

Gewebe = Segel

I 3. c) Egil Skallagrimson

Der Skalde Egil Skallagrimson hat ein Lied über den Tod eines seiner Söhne beim Untergang eines Schiffes in einem Sturm gedichtet, in dem Ran als die Räuberin und als die Herrin des Meeres erscheint:

Ran, die See-Königin
hat mich rau geschüttelt:
Ich stehe hier von allen Geliebten
beraubt und bloß.
Das Band zu meinem Verwandten
hat die Woge durchtrennt:
mein eigenes Seil, daß ich gedreht habe –
es war so fest und so stark ...

I 3. d) Das Lied über Helgi Hiövard-Sohn

Das Bild der gierigen Räuberin Ran findet sich auch in diesem Lied – das Meer war eine den Wikinger nur zu gut vertraute Gefahr …

Atli zu der Riesin Hrimgerdr:
"Du standest, Hexe, vor den Schiffen des Königs
Und stautest die Mündung des Stroms,
Um des Fürsten Recken der Ran zu liefern;
Doch dann stak Dir der Speer im Fleische."

I 3. e) Hattatal

Die Göttin Ran war bei den Wikingern gefürchtet:

Die tosende Ran schafft
keinen Frieden für die See-Hirsche;
sie verursacht Sorgen für die Seeleute,
die ganzen Wogen brechen vor dem schlanken Bug.

„See-Hirsche" = Schiffe

I 3. f) Odins Runenlied

Angesichts der Gefahr der Seefahrt und der Bedrohung durch die Göttin Ran ist es nicht verwunderlich, daß es eine Rune gab, die speziell dem Schutz der Schiffe diente: die Rune „Not".

Ein neuntes weiß ich, wenn in Not ich bin,
Das Schiff vor der Flut zu bergen,
Dann wend ich den Wind von den Wogen ab
Und beschwichtige ringsum die See.

In den Liedern und Texten ab ca. 900 n.Chr. erscheint Ran als die gefürchtete und todbringende Meeresgöttin. Vermutlich ist dieses Motiv jedoch schon älter.

I 4. Das Netz der Ran

Das bereits ganz am Anfang erwähnte Netz der Ran wurde von ihr benutzt, um nach Wikingern zu „fischen" und sie in die Tiefe des Meeres hinabzuziehen.

I 4. a) Skaldskaparmal

Die bereits zitierte Textstelle lautet:

Da gewahrten die Asen, daß Ran das Netz besaß, in dem sie alle, die zur See fuhren, zu fangen versuchte.

I 4. b) Völsungen-Sage

Die Göttin Ran lieh ihr Netz, das bereits in der Skaldskaparmal erwähnt wurde, einst auch dem Loki aus:

Da sandten sie Loki aus um das Gold für sie zu sammeln. Er kam zu Ran und erhielt von ihr ihr Netz und ging damit zu den Andvari-Stromschnellen, warf das Netz vor den Hecht und der Hecht schwamm in das Netz und war gefangen.

I 4. c) Gylfis Vision

In dieser Mythe ist Loki der Erfinder des Fischernetzes, sodaß man vermuten könnte, daß er es der Ran gegeben hat – oder vielleicht für die eine oder andere Gefälligkeit überlassen hat.

Der Zwerg Andwari ist der ehemalige Sonnengott-Göttervater Tyr in der Wasserunterwelt.

In dieser Mythe besiegt Loki Tyr-Andwari mithilfe des Netzes der Ran. Über diesen endlosen, zyklischen Kampf zwischen dem Sommergott Tyr und dem Wintergott Loki gibt es eine große Anzahl von Varianten, die vom Tafl-Spiel über den Streit um die Göttin Idun bis zum Kampf in der Gestalt von zwei Robben reichen.

Möglicherweise ist dieser Kampf zwischen Tyr und Loki der Ursprung des Motivs des „Netzes der Ran", denn ursprünglich ist Ran die Jenseitsgöttin gewesen, die den Sonnengott-Göttervater Tyr (Ägir, Gymir, Hler, Njörd, Andwari) wiedergebiert. Später, vermutlich nicht allzulange nach Tyrs Absetzung durch Thor und Odin um 500 n.Chr., ist aus der dem Tyr helfenden Meeresgöttin dann die Meeresgöttin geworden, die die Seeleute (und den Tyr?) tötet – so wie die Jenseitsgöttin auch auf dem Land von der helfenden Freya zu der als Hel oder Norne den Tod bringenden Riesin geworden ist.

Da sprach Gangleri: „Viel Arges wahrlich hatte Loki zu Wege gebracht, da er erst verursachte, daß Baldur erschlagen wurde, und dann schuld war, daß er nicht erlöst ward aus Hels Gewalt. Aber wurde das nicht irgendwie an ihm geahndet?"

Har antwortete: „Es ward ihm so vergolten, daß er lange daran denken wird.

Als die Götter so wider ihn aufgebracht waren, wie man erwarten mag, lief er fort und barg sich in einem Berge. Da machte er sich ein Haus mit vier Türen, daß er aus dem Hause nach allen Seiten sehen konnte.

Oft am Tag verwandelte er sich in Lachsgestalt und barg sich in dem Wasserfall, der Franang hieß, und bedachte bei sich, welches Kunststück die Asen wohl erfinden könnten, ihn in dem Wasserfall zu fangen.

Und einst, als er daheim saß, nahm er Flachsgarn und verflocht es zu Maschen, wie man seitdem Netze macht. Dabei brannte Feuer vor ihm. Da sah er, daß die Asen nicht weit von ihm waren, denn Odin hatte von Hlidskialfs Höhe seinen Aufenthalt erspäht. Da sprang er schnell auf und hinaus ins Wasser, nachdem er das Netz ins Feuer geworfen hatte.

Und als die Asen zu dem Haus kamen, da ging der zuerst hinein, der von allen der Weiseste war und Kwasir hieß, und als er im Feuer die Asche sah, wo das Netz gebrannt hatte, da merkte er, daß dies ein Mittel sein sollte, Fische zu fangen, und sagte das den Asen.

Da fingen sie an und machten ein Netz jenem nach, das Loki gemacht hatte, wie sie es in der Asche sahen. Und als das Netz fertig war, gingen sie zu dem Fluß und warfen das Netz in den Wasserfall. Thor hielt das eine Ende, das andere die übrigen Asen, und nun zogen sie das Netz. Aber Loki schwamm voran und legte sich am Boden zwischen zwei Steine, so daß das Netz über ihn hinweggezogen wurde, doch merkten sie wohl, daß etwas Lebendiges vorhanden sei.

Da gingen sie abermals an den Wasserfall und warfen das Netz aus, nachdem sie etwas so Schweres daran gebunden hatten, daß nichts unten durchschlüpfen mochte. Loki fuhr vor dem Netze her und als er sah, daß es nicht weit von der See sei, da sprang er über das ausgespannte Netz und lief zurück in den Fall.

Nun sahen die Asen, wo er geblieben war: da gingen sie wieder an den Wasserfall und teilten sich in zwei Haufen nach den beiden Ufern des Flusses. Thor aber mitten im Fluß watend folgte ihnen bis an die See. Loki hatte nun die Wahl, entweder mit

Lebensgefahr nach der See zu ziehen oder abermals über das Netz zu springen.

Er tat das letzte und sprang schnell über das ausgespannte Netz. Thor griff nach ihm und kriegte ihn in der Mitte zu fassen; aber er glitt ihm in der Hand, so daß er ihn erst am Schwanz wieder festhalten konnte. Darum ist der Lachs hinten spitz.

Ran benutzt ein Netz, um Seeleute wie Fische zu fangen.

Loki leiht sich das Netz von Ran, um mit ihm den in einen Hecht verwandelten Zwerg Andwari (Tyr in der Wasserunterwelt) zu fangen. Möglicherweise stammt dieses Netz ursprünglich aus der Loki-Mythe und ist dann an Ran übergegangen, als sie von der Wiedergeburts-Mutter des Tyr zu der Mörderin der Seeleute (und des Tyr?) umgedeutet worden ist.

I 5.   Ran die Göttin der Wiedergeburt

I 5. a)   Das andere Gudrun-Lied

Grimhild hat für ihre Tochter einen Zaubertrank gebraut, der sie den Mord an ihrem Mann Sigurd vergessen lassen sollte.

Gudrun:
„Grimhild brachte den Becher mir dar,
Den kalten, herben, daß ich Harms vergäße;
Hinein war gemischt die magische Kraft der Jörd,
Eiskalte See und Schweine-Blut.

In das Horn hatten sie alle Arten von Runen
Geritzt und gerötet; ich erriet sie nicht.
Einen Heide-Fisch aus der Haddinge Land,
Ungeschnittne Ähre und Eingeweide von Tieren.

Im Gebrauten beisammen war Bosheit viel,
Blüten von Bäumen und geröstete Eicheln,
Tau des Herdes und geweihte Eingeweide,
Schweinsleber, die den Schmerz betäubt.

Da vergaß ich, als sie mir den Trank reichten,
dort in meiner Halle, den Mord an meinem Gatten."

Die gesamten Zaubertränke der Germanen gehen letztlich auf den Göttermet zurück, der den Toten und auch dem damaligen Sonnengott-Göttervater Tyr in dessen nordgermanischen Mythen bis 500 n.Chr. das ewige Leben im Jenseits geben sollte.
In diesem Zusammenhang sind zwei Zutaten dieses Zaubertrankes interessant:

die *„eiskalte See"*
Vermutlich ist hier nicht das „eiskalt", sondern das Wasser des Meeres das Wesentliche – vielleicht war die Kraft des Meeres ein Bestandteil des Zaubertrankes. Auch eine Assoziation zu der Wasserunterweltsgöttin Ran ist denkbar.

die *„magische Kraft der Jörd"*

Zu der Kraft des Meeres kommt nun noch die Kraft der Erdgöttin bzw. der Erde hinzu. Es wäre auch eine Assoziation zu der Hügelgrab-Jenseitsgöttin Hel denkbar.

Es ist auffällig, daß diese beiden Zutaten auch in der Beschreibung der Geburt des Tyr-Heimdall im „Hyndla-Lied" auftreten:

Einer wurde geboren / in vergangenen Tagen,
Einer von dem Stamm der Götter, / – Groß war seine Macht! –
Neun Riesinnen / am Rand der Erde
Gebaren den Mann, / der so Waffen-mächtig war.

Dort gebar ihn Gjalp, / dort gebar ihn Greip,
Eistla gebar ihn, / und Eyrgjafa,
Ulfrun gebar ihn, / und Angeyja,
Imth und Atla, / und Jarnsaxa.

Stark wurde er / durch die Stärke der Jörd,
durch die eiskalte See / und durch das Blut der Schweine.

Einer wurde dort geboren, / der Beste von allen,
Und stark wurde er / durch die Stärke der Jörd;
Der Stolzeste wird er genannt, / dieser Verwandte der Menschen,
von allen Herrschern / in der ganzen Welt.

Heimdall ist eine Weiterentwicklung des ehemaligen Sonnengott-Göttervaters Tyr. Er wird am Morgen aus der Erde oder aus dem Meer wiedergeboren und ihm wurden anscheinend Schweine geopfert – vermutlich Eber.

Die neun Riesinnen sind die Jenseitsgöttin – die „9" war bei den Germanen auch ein Adjektiv mit der Bedeutung „zum Jenseits gehörend". Diese neun Riesinnen entsprechen den neun Töchtern der Ran und des Ägir sowie den neun Dienerinnen der Freya.

Es läßt sich deutlich erkennen, daß der Vergessenstrank eine starke Wurzel in den alten Sonnenaufgangs-Ritualen gehabt hat, die sich auf Tyr (Heimdall) bezogen haben. Tyr ist auch der Schwertgott (*„Waffen-mächtig"*) und der Göttervater und Königsgott (*„der stolzeste aller Herrscher"*) gewesen.

Das einstige Motiv der allmorgendlichen Wiedergeburt des Sonnengott-Göttervaters Tyr hat sich als die Verwendung des Meereswassers als notwendiger Zutat in einem Zaubertrank und in einem Zauberspruch erhalten können, von denen der Zauberspruch noch deutlich als ein Segen für den wiedergeborenen Tyr-Heimdall erkennbar ist.

I 6. Die Halle der Ran

Die am Anfang dieses Buches bereits erwähnte Halle der Ran (und des Ägir) ist bei den Wikingern ein beliebtes Thema gewesen.

I 6. a) Lausavisur

In dieser kurzen, spontanen Gelegenheitsdichtung des Skalden Sneglu-Halli wird das Jenseits mit „Ort, an dem Ran wohnt" umschrieben:

„Dort, wo ich die langen Stengel der Meeresalgen ergreife,
Ist ein Wirbel, denn ich habe mein Leben verloren;
Es ist klar, daß ich jetzt bei Ran leben muß;
Dort teilen wir unser Heim mit den Hummern.

Dort kommt oft der Weißfisch zu Besuch;
Dort besitze ich ein Stück Land fern der Küste;
Ich sitze blaß in einem Gestrüpp aus Seetang;
Der Blasentang flattert um meinen Hals."

I 6. b) Fridthjof-Saga

Der Held dieser Saga fürchtet in einem Sturm, daß sein Schiff untergehen wird. Über diese Szene dichtete er später die folgenden Verse:

Auf Polstern saß ich
in Baldurs-Hag,
und sang alle Lieder, die ich kannte
für die Tochter des Königs.

Nun sieht es so aus,
als ob ich auf Rans Bett liegen müßte
und ein anderer
an Ingibiorgs Seite sein wird.

„Baldurs-Hag" ist in diesen Versen ein Tempel, der dem Baldur geweiht war.
„Rans Bett" ist der Meeresgrund.

Als Fridthjof keinerlei Hoffnung mehr hatte, daß er und seine Seeleute den Sturm überleben könnten, verteilt er sein Gold unter ihnen, damit alle Gold-geschmückt die Halle der Ran auf dem Meeresgrund betreten konnten:

Dieser rote Ring, den ich ich hier halte,
gehörte einst Halfdans Vater,
dem reichen Herrn früherer Zeiten;
wenn uns die Meereswogen vernichten,

dann sollen die Gäste Gold-geschmückt sein –
falls wir in die Not kommen, Gäste sein zu müssen:
es schickt sich für mächtiges Männervolk
die Ringe inmitten der Halle der Ran zu tragen.

Die Farbe des Goldes wurde den Germanen als *„rot"* bezeichnet. Den wohlhabenderen Toten wurden in ihre Hügelgräber viele goldene Gegenstände mitgegeben – sie waren die späteren „Drachenhorte". Es gab auch die Sitte, den Ahnen und den Göttern Gold in Quellen, Flüssen und im Meer zu opfern – hier beschließt der offenbar praktisch denkende Fridthjof, daß er und seine Männer die Goldschätze am besten gleich selber mit in die Tiefe nehmen sollten, da niemand für sie ein Bestattungsritual würde durchführen können, wenn sie mitsamt ihres Schiffes versunken waren.
Die Halle der Ran war wie die Halle der Hel das Jenseits – ursprünglich die Grabkammer in einem Hügelgrab.

I 6. c) Die Saga über die Siedler von Eyre

An dem Morgen, nachdem Thorod und seine Männer westwärts von Ness aus fortgerudert waren, gingen sie alle vor Enni verloren – das Schiff und die Fische wurden in Enni an den Strand getrieben, aber die Leichen wurden nicht gefunden.
Als diese Neuigkeiten in Frodis-Wasser bekannt wurden, baten sie alle ihre Nachbarn zum Totentrunk und sie nahmen ihr Jul-Bier und nahmen es für den Totentrunk.
Doch an dem ersten Abend, als die Männer zu dem Fest gekommen waren und sich auf ihre Plätze gesetzt hatten, kam der Bauer Thorod und seine Gefährten (als Geister) in die Halle – alle von ihnen triefnaß.
Die Männer begrüßten Thorod voller Freude und sahen dies als ein gutes Zeichen

an, denn sie alle hielten es nun für gewiß, daß diese Männer eine gute Zeit bei Ran verbrachten, wenn sie, obwohl sie im Meer ertrunken waren, zu ihrem eigenen Totentrunk kamen. Denn in jenen Tagen war noch wenig von dem alten Glauben abgelegt worden, obwohl die Männer getauft worden und dem Namen nach Christen geworden waren.

I 6. d) Skaldskaparmal

In dem „Lehrbuch der Skaldendichtkunst" zitiert Snorri Sturluson ein Lied des Skalden Skuli Thorstein-Sohn, in dem die Sonne im Meer versinkt, d.h. in die Wasserunterwelt der Ran eingeht:

Glens frohe göttliche Bettgenossin watet
Strahlenumgeben in die Halle der Göttin;
dann kommt das gute Licht
des Mani im grauen Hemd herab.

„Glens Bettgenosse" ist die Sonnengöttin, da Glen ihr Mann ist. Mani ist der Mond, der aufgeht, wenn die Sonne am Abend in ihr „Herrenhaus" zurückkehrt. Das „Waten" der Sonne am Abend zeigt, daß die Sonne im Meer, d.h. in der Wasserunterwelt versinkt. Das Herrenhaus der Göttin wird demnach die Unterwelt im Meer sein. Die Göttin, der dieses „Herrenhaus" gehört, ist die Meeresgöttin Ran, die auch als Jenseitsgöttin aufgefaßt wurde. Sie ist bis 500 n.Chr., also in der früheren, Tyr-zentrierten Mythologie der Germanen die Wiedergeburts-Mutter der Sonne gewesen.

I 6. e) Gylfis Vision

Das Bild der Wasserunterwelt findet sich auch in dem Namen von Friggs Halle „Fensalir" („Sumpfsaal"):

Frigg ist die vornehmste: Ihr gehört der Palast, der Fensalir heißt, und überaus schön ist.

I 6. f) Grimnir-Lied

Noch deutlicher ist der Saal „Sökkwabek" („versunkene Bank") der Göttin Saga eine Halle unter dem Meer:

Sökkwabeck heißt die vierte, kühle Flut
Überrauscht sie immer;
Odin und Saga trinken alle Tage
Da selig aus goldnen Schalen.

Hier hat Odin die Stelle des von ihm abgesetzten Tyr als die nächtlichen Sonne in der Wasserunterwelt eingenommen.

I 6. g) Beowulf-Epos

Dieses Lied wurde von den angelsächsischen Germanen um ca. 700 n.Chr. vermutlich in Südostengland verfaßt. Sein mythologisch-historisch gemischter Inhalt bezieht sich auf Ereignisse in Dänemark, die einige hundert Jahre vorher stattgefunden haben.

*   Nur einige Meilen*
Entfernt von hier, / ist der furchtbare Sumpf:
Darüber hangen / bereifte Haine,
Die wurzelgefestet / das Wasser beschatten.
Dort sieht man allnächtlich / ein seltsames Wunder,
In der Flut ein Feuer; / erforscht hat nie
Ein Menschenkind / dieses Moores Tiefe.
Selbst der hornbewehrte / Heidebewohner,
Der Hirsch, der gehetzt / vor den Hunden sich flüchtet
Ins belaubte Gehölz, / gibt sein Leben eher
Dahin am Gestad', / eh' sein Haupt er berge
Im See, denn dort / ist's selten geheuer.
In Wirbeln steigt / zu den Wolken oft
Das Wasser empor, / wenn der Wind herantreibt
Die leid'gen Gewitter, / die Luft sich verdunkelt
Und der Himmel weint. / Helfen wieder
Kannst du allein! / Die verdammte Stätte
Erfuhrst du jetzt, / wo du finden kannst

Den sündigen Unhold: / versuche das Wagnis!
Ich vergelte den Kampf dir / mit köstlichem Gut,
Mit altem Erbschatz, / wie's eben geschehen,
Mit leuchtendem Gold, / wenn du lebend zurückkommst.'
Also sprach Beowulf, / Ecgtheows Sohn:
'Laß fahren den Kummer, / mein kluger Fürst!
Würdiger ist's / für den wackeren Mann,
Den Freund zu rächen, / als viel zu klagen.
Das Ende des Lebens / ist allen gewiß,
Drum leiste jeder, / so lange er kann,
Tapfre Tat, / daß den toten Helden
Der nie verwelkende / Nachruhm kröne.
Auf, auf, mein Gebieter! / laß eilig uns folgen
Der Spur des Weibs; / ich verspreche dir's:
Nicht im Schlunde des Moores, / noch im Schoß der Erde,
Noch im Waldesdickicht / entwischt sie mir,
Wohin sie auch flüchte. / Ich hoffe, geduldig
Trägst du den Harm noch / am heutigen Tag.'
Der Greis sprang auf, / er spendete Gott,
Dem mächtigen, Dank / für des Mannes Worte.
Nun wurde dem Hrodgar / ein Hengst gesattelt
Mit lockiger Mähne. / Der Landesfürst
Ritt stattlich voran, / die Streiter zu Fuß
Folgten im Schildschmuck. / Die Schritte waren
Am Walde entlang / weithin sichtbar,
Wo das Weib vorhin / ihren Weg genommen
Übers düst're Moor / und den Degen forttrug,
Den toten Leib / des tüchtigsten Helden,
Der mit Hrodgar einst / für die Heimat sorgte.
Nun führte der Weg / die Fürstensprossen
Über steile Schluchten, / schmale Steige,
Über unheimliche / enge Pfade,
Wo in öden Klippen / manch Untier hauste.
Es ritt voraus / mit geringem Gefolge
Der König selbst, / zu erkunden die Gegend,
Bis endlich des Bergwalds / Bäume sein Auge
Erschaut', überm grauen / Gneise hangend,
Freudloses Gehölz. / Die Flut darunter
War rot von Blut. / Den Recken der Dänen,
Den Scyldingenkriegern / ward schmerzlich bewegt

Im Busen das Herz, / von bitterem Kummer,
Den Helden allen, / die Äscheres Haupt
Auf dem steinigen Abhang / am Strande erblickten.
Das Wasser wallte - / die Wehrmänner sahen's -
Von heißem Blut - / doch die Hörner bliesen
Einen munteren Marsch. / Die Mannen alle
Setzten sich nieder. / Viel seltsam Gewürm
Sah man schwimmen im See, / Schlangen und Drachen;
(Die nicht selten hinaus / in die Segelstraße
Am Morgen schon wagen / die müh'volle Fahrt),
Nebst anderem Raubzeug. / Eiligst flohen sie,
Ergrimmt und zornig, / als gellenden Lauts
Das Schlachthorn ertönte. / Da schnellte vom Bogen
Der Held der Gauten / das harte Geschoß,
Das der Untiere einem / für immer vergällte
Das Spiel in den Wogen; / man spürte am Schwimmen,
Wie es träger ward, / als der Tod sich nahte.
Man tat es endlich / mit Eberspießen,
Die spitzige Haken / am Speerblatt hatten,
Völlig ab / und aufs Vorland zog man
Den mächtigen Taucher; / die Männer bestaunten
Den grausigen Wicht. / Seine glänzende Rüstung
Legt' Beowulf an, / nicht bangt' er ums Leben:
Es sollte der Harnisch, / der handgeflocht'ne,
Die weite Brünne, / ins Wasser hinab,
Das Gehäuse der Knochen / dem Helden zu schützen,
Daß der böse Feind / seine Brust nicht verletze
Und mit furchtbarer Klaue / gefährde sein Leben;
Auch der weiße Helm, / der das Haupt umwölbte,
Sollte mit hinab / zu des Moores Grund,
Ins Wogengewühl: / gewundene Reifen
Umgaben ihn rings, / den in grauer Vorzeit
Ein Waffenschmied schuf, / der mit Wildschweinköpfen
Ihn kunstvoll besetzte, / daß künftig niemals
Geschwungene Schwerter / ihm schaden konnten.
Der schlechteste Schutz / war das Schwert mit nichten,
Das Hrodgars Sprecher / zur Hilfe ihm lieh:
Der herrliche Hieber / war Hrunting genannt,
Unter alten Schätzen / der erste an Güte.
Die eiserne Klinge, / geätzt mit schlangen,

*War in Kampfschweiß gehärtet; / im Kriege versagt' es
Nie, wenn ein Held / mit der Hand es faßte,
Der den Schreckenspfad / zu beschreiten wagte,
Der Ehre Feld. / Nicht zum ersten Male
Sollte der Stahl / seine Stärke erproben.
Kaum noch wußte / der kräftige Recke,
Ecglafs Sohn, / was er eh'mals gesprochen,
Vom Weine erregt, / als die Waffe er lieh
Dem würdigern Helden. / Er wagte nicht selbst,
Im Flutgewühl / zu gefährden sein Leben
Durch rächende Tat. / Seinen Ruhm büßt' er ein,
Sein Ansehn als Krieger. / Ein anderer Mann
War er, der so kühn / zum Kampf sich gerüstet.
Also sprach Beowulf, / Ecgtheows Sohn:
'Kampfbereit bin ich, / mein kluger Fürst!
Nun gedenke der Worte, / würdiger Sproß
Des edlen Healfdene, / die einst wir gewechselt,
Daß du, wenn in deinem / Dienste ich fiele,
Nach meinem Heimgang, / hortspendender König,
Die Pflichten des Vaters / erfüllen würdest.
Sei Stütze denn / meinen Stammgenossen,
Dem treuen Gefolg', / wenn der Tod mich entrafft,
Und was du an Schätzen / geschenkt mir, sende,
Hrodgar, mein lieber! / dem Hygelac zu.
Erkennen wird dann / der König der Gauten,
Hredels Sohn, / wenn den Hort er betrachtet,
Daß ich fand einen Fürsten, / der freigebig war,
Einen Recken, der reichlich / Ringe verteilte.
Und das alte Erbstück / laß Unferd besitzen,
Den weitberühmten, / das wuchtige Schwert,
Die harte Klinge; / mit Hrunting erwerb' ich
Ewigen Ruhm / oder ende im Streite.'
So sprach der Held / und hastig enteilt' er,
Der edle Gaute, / auf Antwort nimmer
Wollte er warten; / die Wogen umfingen
Den streitbaren Mann. / Eine Stunde währt' es,
Eh' er tauchend erreichte / den tiefen Grund.
Da merkte sofort / die mordbegier'ge,
Das hungrige Weib, / das schon hundert Jahre
Im Moore gehaust, / daß ein Menschenkind*

In der Unholde Reich / von obenher eindrang.
Flink packte sie zu / und faßte den Krieger
Mit den schrecklichen Klauen, / doch Schaden tat sie
Dem Recken nicht an, / den die Ringe schützten,
Daß die Brünne sie nicht / zu durchbrechen vermochte,
Das geflochtene Kampfnetz, / mit feindlichen Krallen.
Da schleppte die Wölfin / des Wassers zur Höhle,
Als er Boden gefaßt, / den Brecher der Ringe;
Nicht konnte er da, / so kühn er auch war,
Seine Waffen gebrauchen, / wenn wildes Getier
Im Sumpfe ihn angriff, / manch Seeungeheuer
Mit den Hauern zornig / am Harnisch zerrte,
Den Mut'gen gefährdend. / Nun merkte der Held,
Daß er jetzt in weitem / Gewölb' sich befand,
Wo ihn Wasser nicht netzte, / die wogende Flut
Das Dach nicht durchdrang, / das dem Drucke trotzte
Der brandenden Wellen; / mit bleichem Schein
Erhellte ein Feuer / der Höhle Räume.
Nun sah auch der Werte / die Wölfin des Sumpfes,
Das scheußliche Moorweib; / zu mächtigem Schlage
Schwang er das Schwert- / nicht schwach war die Hand -,
Daß ein grimmes Kampflied / die gute Klinge
Überm Haupte ihr sang. / Doch der Held erfuhr,
Daß die Schlachtenflamme / nicht schneiden wollte,
Nicht schaden dem Feind, / ihre Schärfe versagte
In der Not dem Fürsten: / doch früher genug
Der Helme durchschlug sie / im Handgemenge,
Wenn todgeweiht / deren Träger waren:
Ihre Ehre erblich / zum ersten Male.
Doch rasch entschlossen, / des Ruhms gedenkend,
Bewies Hygelacs Neffe / die Heldenkraft:
Auf den Boden warf er / die bunte Klinge,
Die köstlich verzierte, / der zornige Kämpe,
Die stählerne Wehr; / seiner Stärke vertraut' er,
Seiner mächtigen Faust. / So verfahre ein Mann,
Der im Streit erstrebt / unsterbliches Lob,
Und willigen Herzens / wag' er das Leben!

„Feuer in der Flut" = die Sonne (Tyr-Ägir) in der Wasserunterwelt
„Schlund des Moors" = dieses Bild erinnert an den Namen von Friggs Halle

„Sumpfsaal"

„Gewürm", „Schlangen", „Drachen" = Totengeister in Schlangengestalt in dem Sumpf, in dem sich die Halle der Mutter des Tyr-Grendel befindet

„Segelstraße" = Meer

„Gehäuse der Knochen" = Brünne (Brustpanzer), Rüstung

„Hieber" = Schwert

„Schreckenspfad" = Weg in die Unterwelt

„Kampfnetz" = Kettenpanzer

„Feuer in der Halle" = die umgedeutete Sonne in der Wasserunterwelt

„Wölfin des Sumpfes" = Riesin (Jenseitsgöttin) = die Mutter des Tyr-Grendel

„Schlachtenflamme" = Schwert

Die Halle der Ran steht auf dem Meeresgrund. Sie ist auch das nächtliche Heim des Sonnengott-Göttervaters Tyr (Ägir). Diese Halle ist identisch mit der Halle „Sumpfsaal" der Göttin Frigg, mit der Unterwasser-Halle der Göttin Saga und mit der Halle der Mutter des Tyr-Grendel auf dem Grund eines tiefen Sumpfes.

I 7. jemanden zur Ran senden

I 7. a) Saga über Hovard von den Eisfjord-Leuten

Die Redewendung „jemanden zur Ran senden" entspricht der sehr beliebten Redewendung „jemanden zur Hel senden".

Hovard sang das folgende Lied:

„Ich habe dem Helden
Das Haupt nun gespalten,
Da schwitzt er im Tode
Vom Schweiße des Schwerts.

Doch Gunnlogi's Goldring
Saß mächtig am Griff,
Als ich rächend zur Ran
Den Räuber sandte."

Todes-Schweiß / Schwert-Schweiß = Blut
Gunnlogi = „Kampf-Flamme" = Schwert
Gunnlogis Goldring = Anspielung auf Draupnir (Jenseitsreise-Symbol)

I 7. b) Das Lied über Helgi Hiörward-Sohn

Dieselbe Redewendung findet sich auch in diesem Lied:

Atli:
„Du standest, Hexe, vor den Schiffen des Königs
Und stautest die Mündung des Stroms,
um die Recken des Fürsten zur Ran zu senden."

„Jemanden töten" konnten nicht nur mit „jemanden zur Hel senden", sondern auch mit „jemanden zur Ran senden" umschrieben werden.

I 8. Rindr, Ran und Groa

I 8. a) Groas Zaubergesang

Die folgende Übersetzung folgt nicht ganz der „klassischen" Version von Karl Simrock, da er an einigen Stellen recht frei mit dem Original umgegangen ist – so hat das Original z.B. sechs statt vier Zeilen je Strophe.

Groa, deren Name „Grüne" oder „Grünende" bedeutet, ist eine Erdgöttin.

Ihr Sohn Svipdag, dessen Name „heraneilende Sonne" bedeutet, ist der ehemalige Sonnengott-Göttervater Tyr in der nächtlichen Unterwelt.

Der in diesem Lied angeführte Reise-Schutzzauber stammt somit von der Erdgöttin und soll ihren Sohn, den Sonnengott auf seiner Wanderung über den Himmel beschützen. Die Verse in diesem Zauberlied sind jedoch schon so umformuliert worden, daß sie auf eine jegliche Reise passen.

Siehe dazu auch „Groa" in Band 23.

Der Sohn Svipdag sprach:
„Erwache Groa,
erwache, gute Frau,
ich rufe Dich hervor am Tor der Toten,
ich hoffe Du erinnerst Dich,
daß Du Deinen Sohn gebeten hast,
an Deinem Hügelgrab nach Hilfe zu suchen."

Groa sprach:
„Was schafft Sorgen
meinem einzigen Sohn,
welches Unheil hat Dich heimgesucht,
daß Du nach Deiner Mutter rufst,
die tot und begraben liegt
und die Welt der Menschen längst verlassen hat?"

Der Sohn sprach:
„Eine gefährliche Aufgabe
wurde mir von der argen Frau gegeben,
von der, die meinen Vater umarmte;
sie gebot mir, an den Ort zu gehen,
der als unerreichbar bekannt ist,
um Menglöd zu treffen."

Der „unerreichbare Ort" ist die Unterwelt, in dem die Jenseitsgöttin Freya-Menglöd wohnt, die die Wiederzeugungs-Geliebte und die Wiedergeburts-Mutter der Sonne (Tyr-Svipdag) ist.

Groa sprach:
„Lang ist die Wanderung,
Lang sind die Wege,
lange währen die Sehnsüchte der Menschen;
wenn es sich fügt,
daß sich Dein Wunsch erfüllt,
dann ist Skulds Spruch gebrochen."

Skuld ist eine der Nornen, die das Schicksal festlegen und verkünden.

Der Sohn sprach:
„Singe Zaubersprüche für mich,
die segensreich sind,
Mutter, schütze Deinen Sohn.
Ich fürchte, daß ich
auf meiner Fahrt fallen werde,
so jung, wie ich an Jahren bin."

Groa sprach:
„Ich singe Dir dies erste Zauberlied,
das vielerprobte,
das Rindr sang der Ran:
daß Du all das abwirfst,
was Dir von Übel zu sein scheint;
sei Dein eigener Herr!"

Rindr ist eine Erdgöttin und Riesin und in späteren Sagas dann eine Königstochter. Ihr Name bedeutet „runder Rand", d.h. „Horizont". Daß sie zauberkundig ist und ihr

Wissen durch Gesänge weitergibt, ist ansonsten unbekannt. Rindr hat ihr Wissen dieser Strophe zufolge an Ran weitergegeben und diese dann an Groa („Grünende"), die wie Rindr eine Erdgöttin ist

Diese Verse zeigen mehrere Dinge:

- Rindr hat der Ran Zauberlieder gelehrt,
- Rindr könnte eine Freundin der Ran gewesen sein,
- der Zauber der Rindr bewirkt, daß man alles Behindernde abwirft,
- das Zauberlied der Rindr bewirkt die Selbständigkeit, und
- die Seherinnen (Groa) haben dies Lied möglicherweise von Ran gelernt, d.h. daß die Seherinnen ein gutes Verhältnis zu Ran haben konnten.

Insbesondere der letzte Punkt rückt die Göttin Ran in die Nähe der Hel, der Nornen und der Jenseitsgöttin Frigg/Freya, was bestätigt, daß Ran aus dem Motiv der Jenseitsgöttin in der Wasserunterwelt entstanden ist.

Die Seherinnen reisten in die Unterwelt zu den Ahnen und zu der Jenseitsgöttin (Freya, Hel, Ran), um von ihnen das Wissen über die Zukunft u.ä. zu erhalten.

> Es scheint eine Assoziation zwischen der Meeresgöttin Ran und den beiden Erdgöttinnen Rindr und Groa gegeben zu haben, da Rindr ihre Schutz-Zaubersprüche über Ran an Groa weitergegeben hat.
>
> Ursprünglich haben die Erdgöttin Groa und vermutlich auch die beiden Göttinnen Rindr und Ran durch diese Zaubersprüche den ehemaligen Sonnengott-Göttervater Tyr auf seiner Wanderung über den Himmel beschützt.

I 9. Ran als Seekuh

I 9. a) Gesta danorum

In der „Gesta danorum" („Geschichte der Dänen") des Mönches Saxo des Schriftkundigen wird die Verwandlung einer Zauberin in eine Stute und in eine Seekuh beschrieben.

Inzwischen kam eine gewisse alte Frau, die in der Zauberkunst erfahren war und die mehr in ihre Künste vertraute als daß sie die Strenge des Königs fürchtete, und stachelte die Begierde ihres Sohnes nach dem Schatz an. Sie versicherte ihm Straflosigkeit, da der König fast schon an dem Tor des Todes stand, sein Leib schwach und die Überreste seines altersschwachen Geistes kraftlos waren.

Er stellte dem Rat seiner Mutter die Größe der Gefahr gegenüber, aber sie gebot ihm, Hoffnung zu fassen und erklärte, daß entweder eine Seekuh ein Kalb haben sollte oder daß die Rache des Königs durch irgendeine andere Fügung vereitelt werden solle. Durch diese Rede vertrieb sie die Ängste ihres Sohnes und ließ ihn ihr gehorsam sein.

Als die Tat getan war, wurde Frode, von dem Angriff getroffen, von der größten Hitze und Wut erfüllt und ließ das Haus der alten Frau niederreißen und sandte Männer aus, um sie gefangen zu nehmen und sie mit ihre Kindern herbeizubringen.

Dies hatte die Frau vorhergesehen und täuschte ihre Feinde mit einer List, indem sie von der Gestalt einer Frau zu der einer Stute wechselte.

Als Frode herbeikam, nahm sie die Gestalt einer Seekuh an, die an der Küste umherzurobben und zu grasen schien. Und sie ließ ihre Söhne wie Seekuh-Kälber von geringerer Größe aussehen. Dieses Omen erstaunte den König und er befahl, daß sie umringt und von ihrem Rückweg ins Wasser abgeschnitten würden. Dann verließ er den Karren, den er wegen der Schwäche seines alten Körpers benutzte und setzte sich verwundert auf den Erdboden.

Aber die Mutter, die die Gestalt des größeren Tieres angenommen hatte, griff den König mit ausgestreckten Hauern an und durchstach eine seiner Seiten. Diese Wunde tötet ihn und sein Ende war einer Majestät wie der seinen unwürdig.

Seine Krieger, die nach Rache für seinen Tod dürsteten, warfen ihre Speere und durchstachen die Ungeheuer. Als sie getötet worden waren, sahen sie, daß es Leichen von menschlichen Wesen mit den Köpfen von wilden Tieren waren: ein Umstand, der die List mehr als alles andere offenbarte.

König Frode ist sehr wahrscheinlich eine Saga-Variante des Gottes Freyr, des Bruders der Freya, was einen Zusammenhang zwischen der Mythe, die dieser Freyr-Mythe zugrundeliegt, und dessen Schwester Freya recht wahrscheinlich macht.

In der Sage über König Frode finden sich auch viele andere Elemente, die Umdeutungen von Mythen sind wie z.B. die Fahrt (Jenseitsreise) zu einem Schatz auf einer Insel (Jenseits), der von einem Drachen bewacht wird.

Das Lebensende des Frode nahte, als eine alte Frau, die Hel selber sein wird, nach einem der Schätze des Königs Frode trachtet: seinem Ring, der ein Jenseitsreisesymbol ist. Dieser Ring wird der Halsreif Brisingamen der Freya sein – und die alte Frau der Hel-Aspekt der Freya.

Die Seekuh-Gestalt der alten Frau entspricht der Robben-Gestalt des Heimdall und des Loki bei deren Kampf um Freyas Brisingamen auf der Singstein-Insel.

Freya hatte somit bei der Wiederzeugung in der „Land-Unterwelt" die Gestalt einer Stute und auf der „Insel-Unterwelt" die Gestalt einer Robbe oder einer Seekuh.

Da die Seekuh ein Meerestier ist, ist Freya hier mit Ran identisch.

Die hier übliche Übersetzung „Seekuh" ist nicht ganz sicher, da diese keine großen Zähne haben (mit der sie Frode tötete) wie z.B. Seelöwen oder Walrosse.

Die Seekuh und die Stute scheinen beides Gestalten der Jenseitsgöttin als der Wiederzeugungs-Geliebten des Tyr und allgemein der Toten zu sein, die in dieser Saga jedoch schon zu der gefürchteten Land-Totengöttin Hel in der Gestalt einer Stute, geworden ist, die auch als die ebensosehr gefürchtete Wasser-Totengöttin Ran in der Gestalt einer Seekuh erscheinen kann.

Sowohl die Herdentiere an Land als auch im Wasser sind Symbole für die Fruchtbarkeit der Jenseitsgöttin und auch für die Zeugungskraft der Toten bei der Wiederzeugung gewesen, die der Wiedergeburt vorausgeht.

I 10. Ran in Kenningarn u.ä.

I 10. a) Kenningar

Die Skalden haben des öfteren Kenningar mit dem Namen der Meeres-Riesin gebildet:

Asin	Ran			Snorri Sturluson	Thulur
					Edda
				anonym	Brudkaupsvisur
					vierte grammatische Abhandlung
				Thorleifr Jarl-Skalde Raudfeldar-Sohn	Hakon-Gedicht
Meer	Ran	Meeres-Riesin; Wasserunterwelt-Entsprechung zur Hel		Snorri Sturluson	Thulur
					Skaldskaparmal
Meer	weißer Mund der Ran		weiß = Gischt	Refr	(Skaldskaparmal)
Meer	Land der Ran			Snorri Sturluson	Skaldskaparmal
					Heimskringla
Meer	Rans Weg			Snorri Sturluson	Skaldskaparmal
Meer	Rans Halle			Biorn	Fridthjof der Kühne
Meer	Heim der Ran			Rögnvald-Jarl Koli Kolsson	Lausavisur
Meer	Gymirs naßkalte Zauber-Frau		Gymir = Ägir	Refr	(Skaldskaparmal)
Ägir	Gatte der Ran		Ägir = Meer	Snorri Sturluson	Skaldskaparmal
Walküre	Schlachten-Ran			Thorleifr Jarl-Skalde Raudfeldarson	Gedicht über Hakon
Walküre	Ran des Volkes			Thorleifr Jarl-Skalde Raudfeldarson	Gedicht über Hakon
Frau	Gold-Ran			anonym	Brudkaupsvisur

I 10. b) Ragnarsdrapa

Auch der Skalde Bragi der Alte hat eine Kenning benutzt, in der er den Namen „Ran" verwendet hat:

Und die Wunsch-Ran
der viel zu trockenen Adern,
beabsichtigte, den Bogen-Sturm
ihres Vaters zu verursachen.

„*Trockene Adern*" sind Adern, aus denen das Blut ausgelaufen ist, d.h. die Adern eines Toten. Die Formulierung „*der viel zu trockenen Adern*" bedeutet also „des Todes" Die Riesin „*Ran*" ist die Göttin der Meeres-Unterwelt. Mit ihr ist hier allgemein eine Göttin, Riesin oder wichtige Frau gemeint. Eine „*Wunsch-Frau des Todes*" wird eine Walküre sein – das „wünschen" steht hier für das sonst übliche „küren" in „Walküre").

Ein „*Bogen-Sturm*" ist ein „Pfeil-Hagel", d.h. eine Schlacht.

Da keine Väter der Walküren bekannt sind, muß „Walküre" hier eine Umschreibung für eine andere „Frau in Walküren-Funktion" sein. In der Saga von Hedin und Högni ist dies die Göttin Freya, die von Odin gezwungen eine endlose Schlacht zwischen den beiden Königen verursachte. In dieser Saga wird Freya als die Frau des Odin aufgefaßt.

Der Vater der Freya ist Njörd. Da eine Schlacht des Njörd nicht bekannt ist, muß die Kenning wohl anders gegliedert und gelesen werden: Der „*Sturm von Freyas Vater*" ist ein Sturm auf dem Meer, da Njörd der Gott des Meeres ist. Der „*Bogen-Sturm von Freyas Vater*" könnte somit eine Schlacht sein, die entweder auf dem Meer oder auf einer Insel stattfindet. Der Saga zufolge kämpfen Hedin und Högni aufgrund des Zaubers, den Freya auf sie gelegt hatte, zusammen mit ihren großen Heeren 143 Jahre lang auf der Insel Hoy, bis sie von König Olaf erlöst wurden.

In den Kenningarn erscheint Ran als Meeresgöttin, die in einer Halle auf dem Grunde der See lebt.

I 11. Zusammenfassung

Bis 500 n.Chr. ist Ran als Meeres-Jenseitsgöttin die abendliche Wiederzeugungs-Geliebte und die morgendliche Wiedergeburts-Mutter des damaligen Sonnengott-Göttervaters Tyr gewesen. Die Göttin sang ihm als Ran, als Groa und als Rindr vor seinem Aufbruch zur seiner Tageswanderung über den Himmel ein Zauberlied, daß ihn vor allen Gefahren schützte.

Als Tyr um 500 n.Chr. durch Thor und Odin als Göttervater abgesetzt wurde, blieb von Tyr als der Sonne in der nächtlichen Wasserunterwelt nur noch der Meeresriese Ägir, der auch Gymir, Hler und Njörd genannt wurde, sowie der Zwerg Andwari, der als Hecht in dem Wasserfall eines Flusses lebte, übrig.
Die goldenen Sonne in der Wasserunterwelt wurde zu dem Gold, das die Halle der Ran und des Ägir erleuchtet, umgedeutet.
Die Meeresgöttin wurde zu einer Riesin und zu einem Ungeheuer, das auf dem Grunde des Meeres oder eines Sumpfes in seiner Halle lebte. Am deutlichsten findet sich dieses Motiv als die Mutter des Tyr-Grendel in ihrer Sumpf-Halle. Auch die Meeresgöttin besaß eine solche Halle, in der die Seeleute gelangten, die im Meer ertrunken waren.
Die Halle „Sumpfsaal" der Göttin Frigg und die Unterwasser-Halle „versunkene Bank" der Göttin Saga haben noch den früheren, hilfreichen Charakter bewahren können. Die Meeresgöttin selber, die früher vermutlich Frigg (und auch Freya?) gewesen ist erhielt einen neuen Namen : „Ran", d.h. „Räuberin". Doch auch Ran blieb zumindestens ansatzweise auch eine freundliche Göttin, da sie als die Frau des Ägir auch die Gastgeberin für ein Fest der Asen in Rans Halle gewesen ist.
Die neun Töchter der Ran und des Ägir sind Ran selber – die „9" ist bei den (Indo-)Germanen auch als Adjektiv für „zur Unterwelt gehörig" verwendet worden.

Loki leiht sich das Netz von Ran, um mit ihm den in einen Hecht verwandelten Zwerg Andwari (Tyr in der Wasserunterwelt) zu fangen – eine der vielen Varianten des Kampfes zwischen dem Sommergott Tyr und dem Wintergott Loki. Möglicherweise stammt dieses Netz ursprünglich aus der Loki-Mythe und ist dann an Ran übergegangen, als sie von der Wiedergeburts-Mutter des Tyr zu der Mörderin der Seeleute (und des Tyr?) umgedeutet worden ist. In den Vorstellung der Wikinger fängt Ran die Seeleute mit ihrem Netz.
Die Wikinger versuchten sich gegen die Göttin Ran und ihre Wogen-Töchter u.a. durch die Drachenköpfe am Bug ihrer Langschiffe, die das Schiff der Himmelsbarke des ehemaligen Sonnengott-Göttervaters Tyr gleichsetzte, sowie durch die Rune

„Not" zu schützen. „Not" ist sozusagen die „Anti-Ran-Rune".

Die Seekuh (Walroß?) und die Stute scheinen beides Gestalten der Jenseitsgöttin als der Wiederzeugungs-Geliebten des Tyr und allgemein der Toten zu sein, die in der Saga jedoch schon zu der gefürchteten Land-Totengöttin Hel in der Gestalt einer Stute geworden ist, die auch als die ebensosehr gefürchtete Wasser-Totengöttin Ran in der Gestalt einer Seekuh erscheinen kann.

Sowohl die Herdentiere an Land als auch im Wasser sind Symbole für die Fruchtbarkeit der Jenseitsgöttin und auch für die Zeugungskraft der Toten bei der Wiederzeugung gewesen, die der Wiedergeburt vorausgeht.

Das einstige Motiv der allmorgendlichen Wiedergeburt des Sonnengott-Göttervaters Tyr hat sich als die Verwendung des Meereswassers als notwendiger Zutat in einem Zaubertrank und in einem Zauberspruch erhalten können, von denen der Zauberspruch noch deutlich als ein Segen für den wiedergeborenen Tyr-Heimdall erkennbar ist.

„Jemanden töten" konnten nicht nur mit „jemanden zur Hel senden", sondern auch mit „jemanden zur Ran senden" umschrieben werden.

Kaldrani

II Kaldrani in der germanischen Überlieferung

Dieser Name der Riesin „Kaldrani" ist eine Erweiterung zu dem Namen der Ran, die die Göttin bzw. die Riesin des Meeres ist.

„Ran" bedeutet „Räuberin" und „kald" bedeutet „kalt". „Kaldrani" ist also die „kalte Räuberin". Damit wird wohl nicht eine „eiskalte Killerin" gemeint sein, sondern eher eine „Riesin, die kalt wie das Meer ist, in dem sie lebt".

„Kaldrani" und „Ran" sind recht sicher identisch.

Die Riesin „Kaldrani", d.h. die „kalte Ran" ist mit der Meeresgöttin Ran identisch.

Die neun Töchter der Ran

Die neun Töchter der Ran und des Ägir sind die Wellen des Meeres. Ursprünglich sind diese neun Schwestern die Göttin Ran selber gewesen, da die „9" einst wie ein Adjektiv für „zum Jenseits gehörend" verwendet worden ist. Mit der Zeit ist diese „9" jedoch immer wörtlicher genommen worden.

III Die neun Töchter der Ran in der germanischen Überlieferung

Die neun Töchter der Ran finden sich in den nordgermanischen Mythen auch als die neun Mütter des Tyr-Heimdall und als die neun Dienerinnen der Freya-Menglöd.

III 1. Die neun Töchter der Ran

III 1. a) Skaldskaparmal

Ran ist der Name von Ägirs Frau und sie hat neun Töchter an der Zahl – wie wir bereits geschrieben haben.

III 1. b) Sonnenlied

Die Töchter der Ran und des Niörd/Ägir/Gymir/Hler waren ein beliebtes Motiv:

Das sind die Runen, die da ritzten
Niörds Töchter neun,
Radwör die älteste und Kreppwör die jüngste,
Mit ihren sieben Schwestern.

III 1. c) Skaldskaparmal

Die Töchter der Ran waren genauso unangenehm wie ihre Mutter selber:

... ...
wenn die Wirbelwinde der kahlen Felsenmauern
mit aller Gewalt über die Wogen brausen,
und Ägirs Sturm-frohe Töchter zerrten –
aus grimmigem Frost geboren.

III 1. d) Hervor-Saga

In der Hervor-Saga stellt Odin, der sich Gestumblindi nennt, König Heidrek Rätselfragen, die u.a. auch Ran, Ägir und deren neun Töchter zum Thema haben:

Dann sprach Gestumblindi:

„Wer sind die Frauen,
die sehnsüchtig dahinziehen
weil ihr Vater es so will?
Sie haben so manchem Mann
Übles getan;
damit verbringen sie ihr Leben.
König Heidrek,
rate mein Rätsel!"

„Das sind Hlers Frauen, wie wir sagen: die Wellen."

Dann sprach Gestumblindi:

„Wer sind die Witwen,
die gemeinsam wandern,
weil es ihr Vater so will?
Sie sind nur selten freundlich
zu den Söhnen der Menschen
und müssen wachen im Wind.
König Heidrek,
rate mein Rätsel!"

„Das sind Ägirs Witwen, ein Name für die Wogen."

*„Wer sind jene Frauen,
die auf den Schären laufen
und einen Ausflug in den Fjord unternehmen?
Ihr Bett ist hart,
das der Frauen mit der weißen Haube.
Sie können nicht viel im Ruhigen spielen.
König Heidrek,
rate mein Rätsel!"*

„Das sind die Brecher; ihr Bett sind die Schären und die Felsen. Und man sieht von ihnen nicht viel in ruhigem Wetter."

Eine Schäre ist eine flache Sandinsel, die bei Flut überspült ist. Die weißen Hauben sind die Gischt auf den Wogen.

III 1. e)   Hjalmthes-Saga

Die neun Töchter der Ran und des Ägir waren bei den Wikingern genauso gefürchtet wie Ran selber:

Hjalmther blickte auf das Meer hinaus und sah neun Riesinnen von solch gewaltiger Größe und von solch üblem Benehmen wie er es noch nie zuvor gesehen hatte. Sie hatten alle Schiffe in Stücke gerissen, all die Männer auf ihnen getötet und all ihre Beute an Land getragen ...

Ihre Namen waren Hergunnur, Hremsa, Nal oder Nefja, Runa oder Trana, Greip oder Glyrna, und als neunte Margerthur.

Ihre großen Buckel ragten über ihre Köpfe hinauf, sie hatte ein Auge in der Mitte ihrer Köpfe und waren über alle Maße schrecklich anzusehen ...

Diese schrecklichen Weiber trugen kurze Kittel und ihre Kiefer klafften weit auseinander und sie schüttelten aufs heftigste mit ihren Köpfen.

Das Schütteln der Köpfe könnte eine Ekstase-Methode sein – ähnlich dem Stampfen und Schreien der Berserker, wenn sie sich in Rage brachten.

Man könnte diesen Bericht auch „Wikinger-Seemannsgarn" nennen ...

III 1. f) Das erste Lied über Helgi Hunding-Töter

Der Dichter des Helgi-Liedes scheint das Bild einer einzigen Tochter des Ägir und der Ran im Sinn gehabt zu haben – vielleicht haben aber die anderen acht Schwestern gerade an anderen Orten anderen Wikingern Sorge bereitet …

Helgi hieß das Hochsegel aufziehn,
Als wider Wogen da Woge schlug
Und die tobende Tochter Ägirs
Die starren Rosse zu stürzen gedachte.

starre Rosse = Schiffe („Meeres-Roß"); Sie sind starr, weil sie aus Holz sind.

Die Germanen haben einige Qualitäten durch Zahlen, die sie wie Adjektive benutzt haben, bezeichnet. Da die „9" die Bedeutung „zur Unterwelt gehörend" hatte, konnte Ran, die Göttin der Wasserunterwelt, auch als „neun Göttinnen", oder „neun Schwestern" bezeichnet werden.

Als diese „9" wörtlich genommen wurde, was vermutlich erst nach 500 n.Chr. geschehen ist, wurde Ran als die „9-Göttin" zu ihren neun Töchtern, die dann in einem zweiten Schritt zu den Wogen des Meeres geworden sind.

Die Auffassung der Wogen als der Töchter der Meeresgöttin Ran ist bei den Wikingern ein einprägsames und beliebtes Bild gewesen.

III 2. Die neun Mütter des Heimdall

III 2. a) Gylfis Vision

Snorri Sturluson berichtet in der Edda, daß der Gott Heimdall, der viele Charakterzüge des einstigen Sonnengott-Göttervaters Tyr bewahrt hat, von neun Schwestern geboren wurde. Man wird davon ausgehen können, daß sie mit den neun Töchtern der Ran und somit mit der Meeresgöttin Ran selber als der Meeres-Jenseitsgöttin identisch sind.

Heimdall heißt einer, der auch der weiße Ase genannt wird. Er ist groß und hehr und von neun Mädchen, die Schwestern waren, geboren worden.

III 2. b) Hyndla-Lied

In den bereits zitierten drei Strophen dieses Lied erfährt man Näheres zu den neun Schwestern, die die Mütter des Heimdall sind:

Geboren ward einer am Anfang der Tage,
Ein Wunder der Stärke, göttlichen Stamms.
Neune gebaren ihn, der Frieden verlieh'n hat,
Der Riesentöchter am Erdenrand.

Gialp gebar ihn, Greip gebar ihn,
Ihn gebar Eistia und Angeyja,
Ulfrun gebar ihn und Eyrgiafa,
Imd und Atla, und Jarnsaxa.

Dem Sohn mehrte die Erde die Macht,
Windkalte See und Sonnenstrahlen.
Vieles erwähn ich, mehr noch weiß ich;
Wißt und bewahrt es: Wollt ihr noch mehr?

Die Vorstellung der allmorgendlichen Wiedergeburt des ehemaligen Sonnengott-Göttervaters Tyr hat sich in der Geburt des Heimdall (Tyr) durch neun Mütter erhalten können.

Die „windkalte See", die ihrem Sohn Tyr-Heimdall „Macht gibt" ist eine nur geringfügige Umdeutung der Wiedergeburt der Sonne durch das Meer. Auch die Erdgöttin, die ebenfalls als die Wiedergeburts-Mutter der Sonne aufgefaßt worden ist, gab ihrem Sohn „Macht".

III 3. Die neun Dienerinnen der Freya-Menglöd

III 3. a) Fiölswin-Lied

In diesem Lied treten neun Mädchen zusammen mit der Göttin Freya auf – die Ähnlichkeit mit den neun Töchtern des Ägir und der Ran ist so groß, daß es beide Neunheiten identisch gewesen sein müssen – zumal sowohl Ran als auch Freya Jenseitsgöttinnen gewesen sind.

Windkald (Svipdag = Tyr):
„Sage mir, Fiölswin, was ich Dich fragen will
Und zu wissen wünsche:
Wie heißen die Mädchen, die vor Menglöds Knien
Einig beisammen sitzen?"

Fiölswin (Odin):
„Hlif heißt eine, die andere Hlifthursa,
Die dritte Dietwarta,
Biört und Blid, Blidur und Frid,
Eir und Örboda."

Freya konnte als Jenseitsgöttin ebenfalls als „neunfache Göttin" aufgefaßt werden. Diese „9" erscheint in ihren Mythen als ihre neun Dienerinnen.
Diese neun Dienerinnen der Freya sind mit den neun Töchtern der Ran identisch.

III 4. Die neun Schwestern und Frigg und Freya

III 4. a) Skaldskaparmal

Die neun Töchter des Ägir und der Ran wurden offenbar auch den beiden Riesinnen Fenja und Menja gleichgesetzt, die in der Tiefe des Meeres eine riesige Mühle drehten und dadurch u.a. einen gewaltigen Strudel im Nordmeer verursachten, der von den Wikingern sehr gefürchtet war.

So sang Snäbiörn:

„Sie sahen neun Schären-Bräute
heftig den Meeres-Strudel
von Grottis Insel-Mehl-Faß
hinter der fernsten Grenze der Erde drehen."

Eine „Schäre" ist eine bei Flut überschwemmte Sandbank. Diese Fast-Inseln sind in der Skalden-Poetik beliebte Aufenthaltsorte der Riesinnen. Eine „Schären-Braut" ist daher eine Riesin. „Grotti" ist der Name der Mühle, die von Fenja und Menja gedreht wird. Der durch sie entstehende Strudel befindet sich am Rand der Welt in der Nähe von Utgard (Jenseits).

Die Namen Fenja und Menja bedeuten „Sumpf-Frau" und „Halsreif-Frau". Fenja ist Frigg, deren Halle „Fensalir" heißt und Menja ist Freya, die auch den Beinamen „Menglöd" trägt.

Es ist recht deutlich, daß Freya, Frigg, Hel und Ran ursprünglich dieselbe Jenseitsgöttin gewesen sind – zumal sich Freya und Hel im Hyndla-Lied sogar als Schwestern bezeichnen.

> Die „neun Mütter", die „neun Schwestern" und auch die „neun Dienerinnen" sind mit Freya, Frigg, Ran und Hel identisch. Sie sind alle die Jenseitsgöttin und die Wiedergeburts-Mutter der Sonne.

Margerdr

IV Margerdr in der germanischen Überlieferung

Die Riesin „Margerdr" oder „Margerthur", deren Name „Herrin des geschützten Bereiches im Meer" bedeutet, ist eine weitere Erscheinungsform der Ran – „Margerdr" wird wohl ursprünglich ein Beiname der Ran gewesen sein.

Man kann den Namen „Margerdr" auch als „Meeres-Gerdr", also als „Meeres-Jenseitsgöttin" übersetzen. Es ist gut denkbar, daß dies bis 500 n.Chr. der Name der Meeres-Jenseitsgöttin gewesen ist. Bei der Auflösung der alten, Tyr-zentrierten Mythen nach der Absetzung des Tyr durch Thor und Odin ist die Meeresgöttin dann zur „Räuberin" („Ran") umbenannt worden und als Feindin der Seeleute angesehen worden – das Motiv der Wiedergeburt der Sonne wurde systematisch aufgelöst, weil der frühere Sonnengott-Göttervater Tyr abgesetzt worden war. Aus der Sonne in der Halle der Ran wurde dabei das Gold, mit dem ihre Halle erleuchtet wurde.

Der Göttinnen-Name „Gerdr" bedeutet „Beschützerin". Gerdr wurde bei der Verteilung der Beute an mythologischen Motiven, die Thor und Odin durch die Absetzung des Tyr erlangt hatten, an Freyr weitergegeben, der die ehemalige Wiederzeugungs-Geliebte des Tyr als Braut erhielt. Das Skirnir-Lied, in dem diese neue Version der Gerdr-Mythe dargestellt wird, enthält noch immer eine Fülle an Motiven aus den alten Tyr-Mythen (siehe „Skirnir" in Band 37).

So wie Hel in der Erdunterwelt die Entsprechung zu Ran in der Wasserunterwelt ist, so ist Margerdr die Entsprechung zu Gerdr – und beide entsprechen einander:

	Wasser-Unterwelt	*Höhlen-Unterwelt*
Herrin der Unterwelt	Ran	Hel
Wiederzeugungs-Geliebte	Margerdr	Gerdr

Im Skirnir-Lied ist die Riesin Gerdr noch als die ehemalige Mutter der Sonne erkennbar, da der Tag beginnt, wenn Gerdr die Tore (am Horizont) öffnet – was ein altes und weitverbreitetes indogermanisches Motiv ist.

Die Riesin „Margerdr", also die „Meeres-Gerdr", ist die frühere Göttin und Sonnenmutter Gerdr („Beschützerin") als die Wiedergeburts-Mutter des Sonnengott-

Göttervaters Tyr in der Wasserunterwelt. Sie hat sich lediglich als Riesin erhalten können, von der nur der Name erhalten geblieben ist.

Sie ist mit der Riesin Gerdr identisch, die nach 500 n.Chr. zu der Braut des Freyr umgedeutet worden ist.

Mardöll

V Mardöll in der germanischen Überlieferung

„Mardöll", „Mardalla" oder „Mardallar" ist ein beliebter Beiname der Freya. Er setzt sich aus den beiden Substantiven „mar" für „Meer" und entweder „dell" für „Glanz" oder „dall" für „Tal" zusammen. Dieser Beiname könnte somit zwei Bedeutungen haben:

- „Meer-Glanz" = Gold (Anspielung auf Freyrs Brisingamen oder ihre goldenen Tränen

- „Meer-Tal" = Wasser-Unterwelt

Die erste dieser beiden Möglichkeiten ist sehr plausibel, da sie einfach und zudem eine häufige Anspielung in der Skalden-Dichtung ist.

Die zweite Möglichkeit ist jedoch ebenfalls gut denkbar. „Mardall" wäre dann eine Parallele zu dem Unterweltsort „Sökkdal(ir)", in dem Tyr-Surtur wohnt. Da der Name der Halle der Göttin Saga „Sökkvabek" („Bank am versunkenen Ort") lautet, könnten „Mardall", „Sökkdalir" und „Sökkwabek" drei Namen für die Halle der Jenseitsgöttin in der Wasserunterwelt sein. Diese drei Namen wären dann sehr wahrscheinlich auch die Bezeichnungen für die Halle der Ran am Meeresgrund.

Ein weiterer ähnlicher Name ist „Heimdall" („Heimat-Tal"). Der Himmelswächter Heimdall ist bis 500 n.Chr. ein Aspekt des Tyr gewesen. Vermutlich ist er nach dem Tagesort der Sonne, also nach dem Diesseits benannt worden, da „Heimat-Tal" („Heimdall") sehr ähnlich wie „Midgard" („geschützer Ort in der Mitte") klingt.

Der Name „Mardalla(r)" wurde an den folgenden Stellen verwendet:

Freya	*Mardalla*		anonym	Bjarkamal
				Malshatta-Kvädi
				Oxarflokkr
			Olaf der Heilige Harald-Sohn	Lausavisur
			Snorri Sturluson	Thulur
großzügiger Mann	*der den Regen der Lider der Mardöll auf die Arme seiner Untergebenen fallen läßt*	Mardöll = Freya; ihre Tränen waren aus Gold; Arme => Goldarmreifen;	Snorri Sturluson	Hattatal

„Mardöll/Mardall" ist ein Beiname der Freya. Er bedeutet entweder „Meeres-Glanz" (=Gold) und wäre dann wie ihr Beiname „Menglöd" („Halsreif-Frohe") eine Anspielung auf ihren goldenen Halsreif Brisingamen oder auf das „Meeres-Tal" (Wasserunterwelt).

Wenn die zweite Deutung zutreffen sollte, wäre „Mardall" ursprünglich eine Bezeichnung für die Wasserunterwelt und evtl. auch für die Halle der Ran gewesen – analog zu dem Namen „Heimdall", der ursprünglich wie „Midgard" eine Bezeichnung für das Diesseits gewesen sein könnte.

Hleidi

VI Hleidi in der germanischen Überlieferung

Hleidi ist eine der vielen Sagen-Varianten der Jenseitsgöttin.

VI 1. Der Name „Hleidi"

Der Name „Hleidi" ist vermutlich eine Umformung von „hle-dis" und bedeutet entweder „Schutz-Göttin" oder, was wahrscheinlicher ist, „Meeres-Göttin".

Ihre Mutter trägt in der Bosi-Saga den Namen „Kolfrosta" („kalter Frost" = „bitterer Frost"), was vermutlich eine Variante von „Kaldrani" („kalte Ran") ist.

Die „Meeres-Göttin" Hleidi scheint mit ihrer Mutter „kalter Frost" bzw. „kalte Ran" identisch zu sein – beide sind eine Saga-Variante der Ran, die die Göttin des Meeres-Jenseits ist.

Es wäre jedoch auch denkbar, daß „Hleidi" die Bedeutung „die aus Hleidra" hat.

VI 2. Die Saga über Bosi und Herraud

In dieser Saga hat Hleidi eine weitestgehend passive Rolle. Ihre einzige deutliche Eigenschaft ist, daß sie die Nachfolgerin ihrer Mutter als die Hohepriesterin des finnisch-baltischen Himmelsgott-Göttervaters Jomali werden soll. Jomali ist mit Hleidis Bruder, dem König Gudmund identisch, in dessen Land dieser Tempel steht. Gudmund ist einer der vielen Namen des ehemaligen Göttervaters Tyr.

Hleidi wird somit ursprünglich die Jenseitsgöttin als die Schwester-Frau und Wiederzeugungs-Geliebte des Tyr gewesen sein – und Kolfrosta die Jenseitsgöttin als die Wiedergeburts-Mutter des Tyr.

Die ganze Saga, in der Hleidi und ihre Mutter Kolfrosta auftreten, findet sich in dem Kapitel über „Kolfrosta" in Band 28.

Siehe zu diesem Thema auch das Kapitel „Inzest" in Band 51.

„Dort in dem Wald steht ein großer Tempel, der König Harek gehört, der über Bjarmaland herrscht. Der Gott, der dort verehrt wird, heißt Jomali. Dort gibt es viel

Gold und Schätze. Die Mutter des Königs, die Kolfrosta heißt, ist die Leiterin des Tempels."

Jomali ist der Name des baltisch-finnischen Göttervaters. Da es sich hier um eine Wikinger-Saga handelt, wird die Beschreibung des Jomali-Tempels wahrscheinlich weitgehend den Vorstellungen der Wikinger über ihre eigenen Tempel entsprechen.

„Sie ist durch ihre Zauberkunst so stark, daß sie nichts überraschen kann. Sie weiß durch ihre Magie bereits, daß sie diesen Monat nicht überleben wird, und ist deshalb in der Gestalt eines Tieres nach Osten zu der Glasir-Ebene gereist und hat Hleidi geraubt, die Schwester des Königs Gudmund, und will sie zu ihrer Priesterin machen. Das ist ein großer Verlust, denn sie ist eine sehr schöne und sehr freundliche Maid, und es wäre am besten, wenn man das verhindern könnte."

Gudmund ist ein Beiname des ehemaligen Göttervaters Tyr und Hleidi ist vermutlich eine Sagen-Variante der Jenseitsgöttin, evtl. der Freya (siehe „Godmund" in Band 5 und „Inzest" in Band 51).

„Was ist an dem Tempel schwierig?" sagte Bosi.
„Es gibt dort den Geier," sagte sie, „Er ist so verflucht und wild, daß er alles tötet, was ihm nahekommt. Er steht genau gegenüber der Tür und ergreift alles, was hereinkommt und daher gibt es für niemanden mehr irgendeine Lebens-Hoffnung, der seinen Klauen oder seinem Gift nahekommt.
Dann gibt es einen Diener in dem Tempel; er wacht über das Essen der Priesterin. Sie benötigt für jede Mahlzeit eine zweijährige Jungkuh."

Dies ist offenbar eine Umdeutung des Stieropfers – zumal der Stier das Opfertier des ehemaligen Göttervaters Tyr gewesen ist, der hier zu dem finnisch-baltischen Himmelsgott-Göttervater Jomali geworden ist.

„Unter dem Geier liegt das Ei, daß ihr holen sollt.
In dem Tempel ist weiterhin ein Stier, der von Trollen verflucht und verzaubert worden ist. Er ist mit eisernen Fesseln gebunden. Er muß die Jungkuh besteigen und auf diese Weise gelangt das Gift in die Kuh, sodaß alle, die davon essen, von den Trollen verzaubert werden."

Dies klingt nach der Umdeutung eines Wiederzeugungs-Rituals. Wenn der Stier der Stier des Göttervaters gewesen ist, würde ursprünglich durch das Besteigen der Jungkuh durch diesen Stier die Kraft des Göttervaters („Gift") auf die Kuh und somit auf die Ritual-Gemeinschaft, die diese Kuh verspeist, übertragen worden sein.

Eine recht archaische Form, um einen Segen des Göttervaters zu erhalten …

"Die Jungkuh wird für Hleidi, die Schwester des Königs, vorbereitet, damit sie wie ein Troll wird – so wie die Priesterin vor ihr."

Dieses Ritual scheint also nicht für die gesamte Kult-Gemeinschaft, sondern nur für die Priesterweihe bestimmt gewesen zu sein.

"Es scheint mir unwahrscheinlich, daß ihr dies alles vollbringen könnt, wo doch soviel Zauberei im Spiel ist."
Bosi dankte ihr für all das, was sie berichtet hatte, und gab ihr eine gute Belohnung, indem er ihnen beiden noch einmal Vergnügen bereitete. Sie hatten beide viel Spaß daran und schliefen dann bis zum Tagesanbruch.
Am Morgen ging Bosi zu Herraud und erzählte ihm, was er gehört hatte. Sie blieben dort drei Nächte lang.
Die Tochter des Bauern zeigte ihnen die Richtung, in der der Tempel lag, und wünschte ihnen beim Abschied alles Gute. Dann machten sie sich auf ihren Weg.
Früh an einem Morgen sahen sie einen gutgebauten Mann in einem grauen Umhang. Er führte eine Kuh mit sich. Sie vermuteten, daß dies der Sklave sein mußte und so griffen sie ihn an. Bosi schlug ihn so heftig mit einer Keule, daß es der Tod des Sklaven war.
Danach töteten sie die Jungkuh und zogen ihr das Fell ab und füllten es mit Moos und Heidekraut. Herraud zog den Umhang des Sklaven an und zog hinter sich das Kuhfell her, während Bosi seinen Umhang über den Sklaven warf und ihn auf seinem Rücken trug, bis sie zu dem Tempel kamen. Dann nahm Bosi seinen Speer und stach ihn von hinten zwischen seine Schultern und durch den Leib des Sklaven hindurch. Dann gingen sie zu dem Tempel.
Herraud ging in der Kleidung des Sklaven in den Tempel. Die Hohepriesterin schlief.
Der Stier besprang die Jungkuh. Das Moos-gefüllte Kuhfell fiel sofort in sich zusammen und der Stier stürzte gegen die Mauer und brach sich beide Hörner ab. Herraud ergriff ihn an den Ohren und dem Kiefer und drehte ihm den Kopf von seinem Nackenwirbel.

Genau dieselbe Art des Tötens eines Stieres findet sich in der Egil-Saga, in der Egil nach einem gewonnenen Zweikampf den Opferstier auf diese Weise tötet. Hier wird offenbar die traditionelle Weise, einen Stier zu opfern, beschrieben.

Da erwachte das alte Weib und sprang auf.
Da kam Bosi in den Hof und hielt den Sklaven über seinem Kopf auf dem Speer.

Der Geier erhob sich plötzlich und stürzte sich von seinem Nest herab und wollte den Mann, der hereingekommen war, verschlingen. Er verschlang den Sklaven bis zu dessen Hüfte. Bosi stieß den Speer hinauf, sodaß er in den Hals des Geiers stach, bis er dessen Herz erreichte. Der Geier stach seine Krallen in die Schenkel des Sklaven und schlug seine Flügelspitzen gegen Bosis Ohren, sodaß dieser bewußtlos niederfiel. Da stürzte der Geier auf Bosi nieder und krümmte sich in einem furchtbaren Todeskampf.

Es wäre denkbar, daß der Geier ursprünglich ein Adler gewesen ist, da der Adler der Seelenvogel des Göttervaters war. Es gibt ansonsten allerdings keinerlei Hinweise darauf, daß in Tempeln lebende Adler gehalten worden wären. In den Mythen erscheint jedoch der Tyr-Adler als derjenige, der das Stier-Opfer an den Göttervater Tyr abholt (siehe „Thiazi" in Band 5).

Herraud wandte sich gegen die Priesterin und es gab einen heftigen Kampf zwischen ihnen. Die kaum geschnittenen Fingernägel der Priesterin rissen ihm das Fleisch von den Knochen. Der Kampf führte sie hinüber zu dem Platz, an dem Bosi lag und wo viel Blut geflossen war. Die alte Frau rutschte auf dem Blut des Geiers aus und fiel auf ihren Rücken und es gab einen weiteren heftigen Kampf zwischen ihnen, sodaß jeder abwechselnd der Unterlegene war.

Dann kam Bosi hinzu und ergriff den Kopf des Stieres und schlug damit auf die Nase des alten Weibes. Herraud hieb ihre Arme an ihren Schultern ab. Trotzdem versuchte sie sich noch immer zu wehren, doch in ihrem Todeskampf kam es zu einem großen Erdbeben.

Dann gingen sie in dem Tempel umher und untersuchten ihn. In dem Nest des Geiers fanden sie das Ei und es war überall mit goldenen Zeichen beschrieben. Sie fanden so viel Gold, daß sie es garnicht alles tragen konnten.

Sie kamen zu dem Altar, wo Jomali saß. Sie nahmen ihm seine goldene Krone, in die zwölf Edelsteine eingelassen worden waren, und eine Kette, die dreihundert Mark wert war, und von seinen Knien nahmen sie einen silbernen Kelch, der so groß war, daß ihn selbst vier Männer nicht leeren konnten. Er war voller rotem Gold.

Aber der wertvolle Baldachin, der über Jomali hing, war mehr wert als die Ladung von drei der reichsten Schiffe, die das Mittelmeer befuhren.

Dies alles nahmen sie für sich selber.

Dann fanden sie einen geheimen Seitenraum in dem Tempel. Vor ihm war eine Steintür, der stark befestigt worden war, und zu deren Aufbrechen sie einen ganzen Tag benötigten, bevor sie hineingehen konnten.

Dort sahen sie eine Frau auf einem Stuhl sitzen. Sie hatten noch nie eine schönere Frau gesehen. Ihr Haar, das so schön wie gedroschenes Stroh oder Goldfäden war, war an die Pfosten gebunden worden. Um ihre Hüfte lag ein eisernes Band, das fest verschlossen war. Sie weinte bitterlich.

Die geheime Kammer, in der sich die Frau befindet, ist ursprünglich vermutlich die Grabkammer in einem Hügelgrab gewesen – dort vereint sich die Jenseitsgöttin mit dem Toten. Dazu paßt auch die steinerne Tür vor ihrer Kammer.

Das an einen Stuhlpfosten gebundene Haar scheint ein Motiv aus den Jenseitsreisen der Seherinnen zu sein (siehe Band 58 über die Priesterinnen und Seherinnen).

Als sie die Männer sah, frug sie, was all dieser Lärm zu bedeuten habe, „der dort an diesem Morgen war, und warum schätzt ihr euer Leben so wenig, daß ihr hierher in die Hände der Trolle kommt? Denn die, die hier herrschen, werden euch töten, wenn sie euch hier sehen."

Aber sie sagten, daß sie darauf später antworten würden.

Sie frugen sie, wie sie hieße und warum sie so streng gefesselt worden sei.

Sie sagte, ihr Name wäre Hleidi und daß sie die Schwester des Königs Gudmund, der im Osten auf der Gläsir-Ebene herrsche, sei.

Diese „Glanz-Ebene" ist das Jenseits, das „glänzt", weil sich der Sonnengott-Göttervater Tyr-Gudmund dort befindet.

„Aber die Trollfrau, die hier herrscht, brachte mich durch Zauberei hierher und will, daß ich den Kult in diesem Tempel fortführe und hier die Hohepriesterin bin, wenn sie tot ist, aber ich würde mich lieber lebendig verbrennen lassen!"

„Du würdest gut für den Mann sein," sagte Herraud, „der Dich hier herausholen würde."

Sie sagte, daß sie nicht glaube, daß dies möglich sei.

Herraud sagte: „Würdest Du mich heiraten, wenn ich Dich hier herausholen würde?"

„Niemand kennt einen solch abscheulichen Mann auf der ganzen Erde," sagte sie, „daß ich nicht lieber ihn heiraten als hier in diesem Tempel verehrt werden würde! Aber wie ist Dein Name?"

„Ich bin Herraud," sagte er, „der Sohn des Königs Hrung von Ost-Gotland. Aber Du brauchst die Tempel-Priesterin nicht mehr zu fürchten, denn Bosi und ich haben bereits über ihren Schädel-Nähten gesungen und deshalb wirst Du einsehen, daß ich bereits einige Ehrerbietung von Dir verdiene, wenn ich Dich hier heraushole."

„Ich habe nichts anderes zu geben als mich selber," sagte sie, „Wenn das der Wille meiner Familie ist."

„Ich habe nicht vor, um deren Zustimmung zu bitten," sagte Herraud, „und ich will keine Ausflüchte, denn mir scheint, daß Du mich nicht hoch genug schätzt – und ich werde Dich auf jeden Fall befreien."

„Ich kenne keinen Mann," sagte sie, „den ich lieber als Dich von allen, die ich gesehen habe, heiraten würde."

Da befreiten sie sie. Herraud frug sie, ob sie lieber mit ihnen heim segeln und ihn heiraten oder lieber nach Osten gesandt und ihn nie wieder sehen würde.

Aber sie wollte mit ihm gehen und sie versprachen einander, sich treu zu sein.

Danach trugen sie alles Gold und alle Schätze aus dem Tempel und legten dann Feuer an ihn und verbrannten ihn zu Asche, sodaß keine Spuren außer der Asche mehr von ihm zu sehen waren.

Da brachen sie mit dem auf, was sie erbeutet hatten.

VI 3. Die Stadt Hleidra

In der Eisenzeit gab es auf der Insel Seeland in Dänemark das Königreich Lejre. Dieses Reich war nach seiner Hauptstadt benannt worden, deren Name ursprünglich „Hleidra" gelautet hat. „Hleidra" und „Hleidi" könnten dasselbe Wort sein – einmal mit einer Stadt-Endung und einmal mit einer Feminin-Endung.

In dieser Stadt könnte die Halle „Heorot" („Hirsch-Halle") gestanden haben, in der Beowulf in dem ersten Teil des nach ihm benannten Epos gegen den Tyr-Riesen Grendel kämpft. Dieser Kampf ist eine Variante des Kampfes des Thor gegen Tyr bei dessen Absetzung um ca. 500 n.Chr. Zu genau dieser Zeit spielen auch die Ereignisse im Beowulf-Epos.

Der Name „Beowulf" bedeutet „Bienen-Wolf" und ist eine Kenning für „Bär". Der Bär ist wiederum eng mit Odin verbunden, der der „Schutzpatron" der Berserker („Bärenfell-Männer") ist.

In Hleidra-Lejre wurden die Reste eine großen Halle gefunden, die Heorot gewesen sein könnte, sowie eine Statuette des Odin.

In Hleidra-Lejre herrschten die Sköldungen, ein Urahn Sköld als Sohn des Odin selber angesehen wurde. Odin ist wiederum der Nachfolger des Tyr. Freya ist schließlich die Geliebte des Odin – vor der Absetzung des Tyr war sie sehr wahrscheinlich dessen Geliebte.

In der Saga über Bosi und Herraud ist Hleidi die Schwester des Königs Gudmund, der eine Sagen-Variante des Tyr ist.

Der Ursprung des Gudmund ist daher vermutlich Odin, der Gott von Hleidra-Lejre, der wiederum an die Stelle des Tyr getreten ist, der den Beinamen Gudmund trug. In der Saga wurde dann zwischen dem König Gudmund und dem Gott Jomali, der finnisch-baltischen Entsprechung des Tyr, unterschieden. Der Tempel des Tyr-Gudmund-Jomali könnte durchaus eine Weiterentwicklung der goldenen Hirsch-Halle von Hleidra-Lejre sein.

Vor diesem Hintergrund erscheint es zumindestens gut denkbar, daß „Hleidi" ein Beiname der Freya ist, den diese von der Stadt „Hleidra" erhalten, die wiederum nach der Meeresgöttin „Hle-Dise" benannt worden ist. „Hle" ist ein Name des Meeresgottes, d.h. des Tyr in der Wasserunterwelt, und „Dise" ist die Feminin-Form zu der alten Aussprache für Tyr, die in etwa „Diar" gelautet haben wird. Mit demselben Wort wurden früher auch die Priester bezeichnet. „Hle-Dise" bedeutet folglich „Meeresgöttin".

Diesen Betrachtungen zufolge besteht ein enger Zusammenhang zwischen „Hleidi" und Tyr, der dem späteren Verhältnis zwischen Ran und Tyr-Ägir entspricht.

Der Name der Priestern Hleidi bedeutet „Meeres-Dise", d.h. „Meeresgöttin". Sie ist in der Saga die Schwester des Gudmund.

Hleidi und Gudmund haben ihren Ursprung in Odin und Freya, den Gottheiten in Hleidra, der Hauptstadt eines kleinen Königreiches auf Seeland. Odin ist wiederum der Nachfolger des Tyr, der u.a. den Beinamen „Gudmund" trug. Hleidi ist ein Name der Meeresgöttin, die später dann als „Ran" benannt worden ist.

Hleidi und ihre Mutter Kolfrosta (siehe „Kolfrosta" in Band 28) sind miteinander identisch (siehe „Inzest" in Band 51).

Die Meeresgöttin

Die Meeresgöttin ist bei den Indogermanen ein relativ seltenes Motiv. Sie ist in den meisten Fällen in eine Vielzahl von Wasserfrauen zerfallen – so ähnlich wie die Walküren aus der Jenseitsgöttin entstanden sind.

Diese Vervielfältigung hat einen einfachen Grund: Wenn die Jenseitsgöttin alle Toten wiedergebiert und vorher mit ihnen neun Monate schwanger ist, muß sie aufgrund der vielen Menschen, die sterben, mehr als eine Gestalt haben … Daher ist die Jenseitsgöttin oft eine große Schar von gleichen Göttinnen.

VII   Die Meeresgöttin in der indogermanischen Mythologie

VII 1.   Die Meeresgöttin der Balten

Eine recht neue Erzählung, die das erste mal 1842 niedergeschrieben wurde, aber wohl alte Wurzeln hat, ist die Geschichte über die Meeresgöttin Jurate, die am Grunde der Ostsee in einem Bernsteinschloß wohnt. Ihr Name leitet sich von „Jura" für „Meer" her.

Jurate verliebte sich einst in den jungen Fischer Kastytis und lebte mit ihm in ihrem Schloß. Doch der Donnergott Perkunas wurde darüber wütend, daß Jurate mit einem Sterblichen zusammenlebte und zerstörte das Schloß mit einem Blitz und tötete dabei den Fischer.

Die Bruchstücke des Schlosses wurden daraufhin als Bernstein an den Strand gespült. In einer anderen Version sind die Bernsteine die Tränen der Jurate.

Jurate ist hier wie Ran die Göttin in der Wasserunterwelt als Wiederzeugungs-Geliebte und Wiedergeburts-Mutter. Der Bernstein als die Tränen der Jurate entsprechen dem Gold als den Tränen der Freya. Von den germanischen Skalden wurde „Bernstein" auch als Umschreibung für „Gold" benutzt.

VII 2.   Die Meeresgöttin der Römer

Die griechisch-römische Meeresgöttin Thetis nahm den von Juno aus dem Himmel gestoßenen späteren Schmiedegott Vulcanos bei sich auf und zog ihn groß. Da der

Jupiter-Sohn Vulcanos wie der germanische Wieland der Sonnengott-Göttervater (Jupiter/Zeus/Tyr) als Schmied in der Unterwelt ist, entspricht Thetis recht genau der Göttin Ran.

VII 3.   Die Meeresgöttin der Griechen

Die Griechen kannten eine Vielzahl von Meeresgöttinnen, Nixen, Nymphen, Nereiden, Okeaniden, Najaden (in Flüssen und Quellen) und Wasserfrauen.

Am ehesten ist noch Aphrodite („Schaumgeborene") als eine der Ran ähnliche Meeresgöttin anzusehen, wobei bei Aphrodite der Liebes-Aspekt deutlich im Vordergrund steht. Sie ist auch keine „Herrin des Meeres" – der Herrscher des Meeres war bei den Griechen Poseidon (Zeus in der Wasserunterwelt). Aphrodite ist der Aspekt der Wiederzeugungs-Geliebten der Jenseitsgöttin.

Die Meeresgöttin Leucothea („weiße Göttin") ist eine zur Göttin erhobene sterbliche Frau gewesen. Sie ist somit möglicherweise keine ursprüngliche Göttin der Griechen.

Auch die verschiedenen weiblichen Wassergeister sind die vervielfältigte Göttin der Wasserunterwelt als Wiederzeugungs-Geliebter der Toten.

Zum Teil haben diese Wasserfrauen einen Fischschwanz, einen Schlangenunterleib oder einen Vogelunterleib, was auf die Seele in der Wasserunterwelt (Fisch), im Hügelgrab (Schlange) und auf den Seelenvogel (Vogel) hinweist. Die Wasserfrauen sind die Wiedergeburts-Mütter der Seelen.

VII 4.   Die Meeresgöttin der Inder

Vishnu wurde manchmal als vierarmige Frau mit Fischschwanz dargestellt.

VII 5.   Die Meeresgöttin der Indogermanen

> Eine solch markante Meeresgöttin wie die germanische Ran findet sich bei den anderen indogermanischen Völkern nur noch bei den Römern (Thetis). Möglicherweise hat sich Ran durch die Wichtigkeit der Seefahrt für die Nordgermanen (Wikinger) in dieser Form herausbilden oder bewahren können.

Es ist auch eine Übertragung der Vorstellungen über die Jenseitsgöttin Hel auf das Meer denkbar.

Ran wird auch eine Wurzel in der Vorstellung haben, daß der ehemalige Sonnengott-Göttervater Tyr am Morgen bzw. im Frühjahr in der Wasserunterwelt von der Jenseitsgöttin neugeboren wurde.

Sowohl Hel als auch Ran werden letztlich Aspekte der Jenseits- und Liebesgöttin Freya sein.

VIII. Die Meeresgöttin bei den Nachbarn der Germanen

Die Finnen zählen zwar nicht zu den Indogermanen, aber da sie seit 1800 v.Chr. die östlichen Nachbarn der Nordgermanen gewesen sind, haben sich die Mythen der beiden Völker miteinander vermischt, wobei hauptsächlich die Finnen Motive aus der germanischen Mythologie übernommen haben.

VIII 1. Finnen

Die folgenden Verse stammen aus der Kalevala, die Elias Lönnrot um 1835 aus der mündlichen Überlieferung der Finnen zusammengestellt hat.

Einzeln ward auch Wäinämöinen,
Dieser ew'ge Zaubersprecher,
Von der schönen Lüftetochter,
Die ihm Mutter war, geboren.
Jungfrau war der Lüfte Tochter,
Sie, die schöne Schöpfungstochter,
Trug gar lang' ihr einsam Dasein,
Alle Zeit ihr Mädchenleben
In der Lüfte langen Räumen,
Auf den flachgebahnten Fluren.
Einsam ward ihr dort das Leben
Und das Sein gar unbehaglich,
Immerfort allein zu weilen,
So als Jungfrau dort zu wohnen
In der Lüfte langen Räumen,
In der weitgestreckten Öde.
Nieder ließ sich da die Jungfrau,
Senkt sich auf des Wassers Wogen,
Auf des Meeres klaren Rücken,
Auf die weitgedehnte Öde;
Fing ein Sturmwind an zu blasen,
Aus dem Osten wildes Wetter,
Treibt das Meer zu wildem Schäumen,
Daß die Wellen wütend wogen.
Sturmwind wiegte dort die Jungfrau,

Mit ihr spielt des Meeres Welle
Auf dem blauen Wasserrücken,
Auf den weißbekränzten Fluten;
Schwanger blies der Wind die Jungfrau
Und das Meer verlieh ihr Fülle.
Und es trug des Leibes Härte,
Seine Fülle sie mit Schmerzen
Ganze siebenhundert Jahre,
Trug sie neun der Mannesalter,
Ohne daß das Kind geboren,
Daß zum Vorschein es gekommen.
Also schwamm als Wassermutter
Bald nach Osten, bald nach Westen,
Bald nach Norden, bald nach Süden,
Sie zu allen Himmels Rändern,
Angstvoll ob der Frucht des Windes,
Bei des Leibes argen Schmerzen,
Ohne daß das Kind geboren,
Daß zum Vorschein es gekommen.
Fing da leise an zu weinen,
Redet Worte solcher Weise:
„Weh mir armen ob des Schicksals,
Wehe mir ob meines Wanderns!
Wohin jetzt ich geraten,
Daß ich aus der Luft gekommen,
Daß der Sturmwind mich hier wiege,
Daß die Welle mit mir spiele
Auf den weiten Wasserstrecken,
Auf den ausgedehnten Fluten.
Besser wäre es gewesen,
Wär' ich Jungfrau in den Lüften,
Als in diesen fremden Räumen
Wassermutter jetzt zu werden.
Frostvoll ist mir hier das Leben,
Mühvoll ist hier die Bewegung,
In den Wogen so zu weilen,
In dem Wasser so zu wandern.
Ukko, Du, o Gott dort oben,
Du des ganzen Himmels Träger!
Komm herbei, Du bist vonnöten,

Komm herbei, Du wirst gerufen,
Lös' das Mädchen von den Qualen
Von den Wehen Du die Jungfrau,
Komm' geschwind und eile schneller,
Schneller, wo man Dich ersehnet!"

Ukko ist der Himmelsgott-Göttervater der Finnen.

Wenig Zeit war hingegangen,
Kaum ein Augenblick verflossen,
Sieh, herbei eilt eine Ente,
Fliegt herbei der schöne Vogel,
Suchet sich zum Nest ein Plätzchen,
Suchet eine Wohnungsstelle.
Flog nach Osten, flog nach Westen,
Flog nach Norden und nach Süden,
Kann kein solches Plätzchen finden,
Nicht die allerschlechtste Stelle,
Wo ihr Nest sie machen könnte,
Eine Stätte sich bereiten.
Flieget langsam, schauet um sich,
Dachte nach und überlegte:
„Baue ich mein Haus im Winde,
Auf den Fluten meine Wohnung,
Würd' der Wind das Haus zerstören,
Weit die Wogen es entführen."
Da erhob des Meeres Mutter,
Sie, der Lüfte schöne Tochter
Aus dem Meere ihre Kniee,
Aus der Flut die Schulterblätter,
Wo die Ent' ein Nest sich bauen,
Wo sie friedlich weilen könnte.

Die Ente ist vermutlich ein Seelenvogel.

Entlein nun der schöne Vogel
Flieget langsam, schauet um sich,
Sieht das Knie der Wassermutter
Auf dem blauen Meeresrücken,
Hielt's für einen Wiesenhügel,

Meint'es wäre frischer Rasen.
Hin nun fliegt sie, schwebet langsam,
Läßt sich auf das Knie dann nieder;
Bauet dort ihr Nestlein fertig,
Legt hinein die goldnen Eier,
Goldner Eier ganze sechse,
Siebentens ein Ei von Eisen.
Setzt sich brütend auf die Eier,
Wärmte rasch des Kniees Wölbung;
Brütet einen Tag, den zweiten,
Brütet auch am dritten Tage;
Schon bemerkt die Wassermutter,
Sie, der Lüfte schöne Tochter,
Merket, daß es heißer wurde,
Daß die Haut erwärmet wurde:
Meinte, daß die Knie ihr brennen,
Alle Adern ihr zerschmelzen.
Hastig rührt sie ihre Kniee,
Schüttelt heftig ihre Glieder,
Daß die Eier in das Wasser,
In die Flut des Meeres stürzen;
In der Flut in Stücke brechen
Und in Splitter sich zerschlagen.
Nicht verkommen sie im Schlamme,
Nicht die Stücke in dem Wasser,
Sondern werden schön verwandelt,
Schön gestaltet alle Splitter:
Aus des Eies untrer Hälfte
Wird die niedre Erdenwölbung,
Aus des Eies obrer Hälfte
Wird des hohen Himmels Bogen;
Was sich Gelbes oben findet,
Strahlet schön als liebe Sonne,
Was sich Weißes oben findet,
Leuchtet hold als Mond am Himmel;
Von dem Hellen in dem Eie
Werden Sterne an dem Himmel,
Von dem Dunkeln in dem Eie
Wird Gewölke in den Lüften.

Die Wassergöttin ist hier unter anderem auch die Mutter der Sonne – so wie Ran bis 500 n.Chr. die Wiedergeburts-Mutter des Sonnengott-Göttervaters Tyr gewesen ist.

Und die Zeiten schwinden rascher,
Immer fort und fort die Jahre
Bei der jungen Sonne Leuchten,
Bei des jungen Mondes Glanze;
Immer schwamm die Wassermutter,
Sie, der Lüfte schöne Tochter,
In den schlummerstillen Wellen,
Auf der nebelreichen Fläche,
Vor sich hatte sie die Fluten,
Hinter sich den hellen Himmel.
Endlich in dem neunten Jahre,
Zu der Zeit des zehnten Sommers
Hebt ihr Haupt sie aus dem Meere,
Ihre Stirn sie aus dem Wogen,
Jetzt beginnt bei ihr das Schaffen,
Fängt sie an hervorzubringen
Auf dem klaren Meeresrücken,
Auf den weiten Wogenflächen.
Wo die Hand nur hin sie wandte,
Da entstanden Landesspitzen,
Wo sie mit dem Fuße ruhte,
Grub gar rasch sie Fischesgruben;
Wo ins Wasser sie sich tauchte,
Senkten sich des Meeres Tiefen.
Wo die Hüfte hin sie wandte,
Da erschienen ebne Ufer,
Wo den Fuß zum Land sie lenkte,
Da entstanden Lachsesschluchten,
Wo der Kopf dem Lande nahte,
Da erwuchsen breite Buchten.
Schwamm noch weiter von dem Lande,
Ruht' ein wenig auf dem Rücken,
Schuf so Klippen in dem Meere,
Riffe, die dem Aug' verborgen,
Wo die Schiffe oft zerschellen,
Wo der Männer Leben endet.
Schon geschaffen waren Inseln,

Klippen in dem Meer begründet,
Festgestellt der Lüfte Pfeiler,
Flur und Felder schon geschaffen,
Bunt die Steine schon gesprenkelt,
Schön gefurchet schon die Felsen,
Wäinämöinen nur der Sänger
War und blieb noch ungeboren.
Wäinämöinen alt und wahrhaft
Wandert noch im Leib der Mutter
Dreißig Sommer nach einander,
Eine gleiche Zahl von Wintern
In den Wellen voller Ruhe,
Auf der weichen Wogenfläche.
Dachte nach und überlegte,
Wie zu sein und wie zu leben
In dem nimmerhellen Raume,
In der unbequemen Enge,
Wo er nicht das Mondlicht schaute,
Nicht den Sonnenschein gewahrte.
Sprach darauf mit diesen Worten,
Ließ auf diese Art sich hören:
„Bring, o Mond, und bring, o Sonne,
Bringe mich, o Bär am Himmel,
Von den ungewohnten Türen,
Von den unbekannten Pforten,
Hier aus diesem kleinen Neste,
Aus dem engen Aufenthalte!
Daß ich auf der Erde wandre,
Wie ein Menschenkind im Freien,
Daß des Himmels Mond ich schaue,
Daß die Sonne ich gewahre,
Daß den Bären ich erblicke,
Daß die Sterne ich betrachte!"
Da der Mond ihn nicht befreiet,
Nicht die Sonne ihn erlöset,
Wird das Sein ihm unbehaglich,
Ihm das Leben dort verdrießlich;
Sprengt der Feste schmale Pforte
Mit dem Finger ohne Namen,
Schlüpfet durch das Schloß, das starre,

Mit des linken Fußes Zehe,
Kriechet mit der Hand zur Schwelle,
Auf den Knieen durch das Vorhaus.
Stürzte häuptlings in das Wasser,
Wendet mit der Hand die Wogen;
Also blieb der Mann im Meere,
So der Held im Naß der Wogen.
Ruht' im Meere fünf der Jahre,
Fünf der Jahre, ja gar sechse,
Selbst das siebente und achte;
Endlich hält er auf dem Meere,
An der Landzung' ohne Namen,
An dem baumberaubten Strande.
Rafft sich auf den Knien zum Lande,
Wendet mit der Hand sich hastig,
Hebt sich um den Mond zu schauen,
Um die Sonne zu gewahren,
Um den Bären zu erblicken,
Um die Sterne zu betrachten.
Also wurde Wäinämöinen,
Dieser kräft'ge Zaubersprecher,
Von der Lüfte schöner Tochter,
Die ihm Mutter war, geboren.

Wäinämöinen entspricht von seinem Wesen her weitgehend dem germanischen Schamanengott und Zauberer Odin.

Auch bei den Finnen findet sich die Vervielfältigung der Meeresfrauen zu einer Schar von Wasserfrauen:

Schon gemeldet war die Kunde,
Hinbefördert schon die Nachricht
Von dem Untergang der Jungfrau,
Von dem Tod des schönen Mädchens.
Wäinämöinen alt und wahrhaft
Wurde darob gar verdrießlich,
Weinte Abends, weinte Morgens,
Weint' die ganzen lieben Nächte,
Da die Schöne hingeschwunden,

Da die Jungfrau so versunken
In des Meeres weiten Spiegel,
In die flutenreiche Tiefe.
Ging voll Sorgen und mit Seufzen,
Mit gar schwerbewegtem Herzen
An den Strand des blauen Meeres,
Redet Worte solcher Weise:
„Sag' mir, Untamo, Du Träumer,
Sage Deine Träume, Fauler,
Wo des Wassers Götter weilen,
Wo Wellamo's Jungfrau'n ruhen?"
Sprach drauf Untamo der faule,
Also tat er kund die Träume:
„Dorten sind die Wassergötter,
Dort die Jungfrau'n von Wellamo:
Auf der nebelreichen Spitze,
Auf dem waldbedeckten Eiland,
In des Meeres dunkler Tiefe,
Auf dem schwarzgefärbten Schlamme.
Dorten sind die Wassergötter,
Sind die Jungfrau'n von Wellamo,
Sitzen in dem schmalen Stübchen,
Sitzen in der engen Kammer,
In dem buntgestreiften Steine,
In des dicken Felsblocks Wölbung."

IX Die nostratische Meeresgöttin

Die nostratisch sprechenden Völker sind all die, die von den frühen Ackerbauern in Nordmesopotamien, d.h. von der Kultur von Göbekli Tepe und Nevali Cori abstammen.

Zu ihnen zählen neben den Indogermanen auch die Sumerer, Babylonier, Elamiter, Kreter und Ägypter.

Die gemeinsame Wurzel dieser Völker liegt in der frühen Jungsteinzeit, d.h. um ca. 10.500 v.Chr.

IX 1. Sumer

Ereshkigal ist die Unterweltgöttin – ihre Schwester Inanna (Ishtar) ist die Göttin des Diesseits.

Der Name der Göttin Ereshkigal bedeutet „Herrin der großen Erde". Sie wurde auch „Herrin der Unterwelt" genannt.

Ereshkigal war als Totengöttin auch die oberste sumerische Schlangengottheit, da auch die Sumerer die Toten als Schlange dargestellt haben.

Ihr Mann ist der Sonnengott und Unterweltsgott Nergal – er ist offenbar die Sonne in der Unterwelt, die von Ereshkigal wiedergeboren wird. Ihr Sohn ist der Totengott Namtaru – vermutlich die wiedergeborene Sonne.

Ereshkigal ist zwar keine Meeresgöttin, aber sie fährt die Toten über den Jenseitsfluß Habur zu ihrem Lapislazuli-Palast in der Unterwelt, was eine gute Annäherung an eine „Göttin in der Wasserunterwelt" ist.

IX 2. Ugarit

In dem Reich Ugarit im Norden der Westküste des Mittelmeeres wurde die Meeresgöttin Derketo verehrt, deren Name „Herrin, die auf dem Meer wandelt" bedeutet. Sie wurde auch „Atiratu", d.h. „Königin des hohen Himmels" genannt.

Auf einer Münze, die von 100 v.Chr. datiert, wird sie als Frau mit Fischunterleib dargestellt, die von Fischen, Getreideähren und einem Löwen umgeben ist. Sie ist daher die Herrin (Löwe) des Meeres (Fische) sowie eine Korngöttin (Getreide) gewesen. Das läßt vermuten, daß sie generell als Muttergöttin angesehen worden ist – möglicherweise als die Göttin, die die Sonne (aus dem Meer) und das Korn (aus der

Erde) gebiert.
Die Göttin Derketo ist auch auf Zypern verehrt worden.

IX 3. Askalon

Die Göttin Derketo wurde auch im Süden der Westküste des Mittelmeeres in Askalon verehrt. Auch dort hat die Göttin einen Fischunterleib.
Sie ist die Hauptgöttin von Askalon gewesen und wurde in dem ältesten Tempel dieser Stadt verehrt, was die Vermutung bestätigt, daß sie eine Muttergöttin gewesen ist, da damals fast alle wichtigen Göttinnen Muttergöttinnen gewesen sind.
Der Göttin wurde an einem Teich in der Nähe der Stadt geopfert.
Der griechische Historiker Herodot hat sie der Aphrodite verglichen.

IX 4. Aramäer

Die Meeresgöttin Derketo wurde bei den in dem heutigen Syrien und in Nordmesopotamien lebenden Aramäern „Atargatis" genannt.

Die nostratische Meeresgöttin scheint die Mutter der Seelen, der Sonne und des Getreides gewesen zu sein.
Aufgrund der eher spärlichen Überlieferung ist dies aber eher eine Vermutung als eine Gewißheit. Sie kann keine große allzugroße Rolle gespielt haben, da es dann eine reichhaltigere Überlieferung geben müßte.

X Die eurasiatische Meeresgöttin

Die gemeinsame Wurzel der eurasiatischen Völker liegt in der Mittelsteinzeit, d.h. um ca. 20.000 v.Chr. Zu dieser Zeit waren lebte der Homo sapiens, der aus Afrika stammt, bereits seit 25.000 Jahre in Eurasien.

X 1. China

In China wird die Meeresgöttin Tin Hau („Himmelskönigin") verehrt, die auch Matsu („Mutter-Ahn") genannt wird. Sie hat 1000 Augen und Arme und hilft den Seeleuten.

Ihren beiden Namen zufolge ist sie eine Muttergöttin und vermutlich auch die Herrin des Himmels-Meeres.

Sie wird vor allem an der Küste von China, in Taiwan und in den Chinatowns der USA verehrt.

Auch in China gibt es die vervielfachte „Göttin im Wasser": die Drachenfrauen am Grunde von Flüssen und Seen. Sie haben die Gestalt von Drachen, da auch die Toten die Gestalt von Schlangen bzw. Drachen haben.

In China ist die Meeresgöttin eine Beschützerin der Seeleute. Da sie auch eine Himmelsgöttin ist, könnte sie einst auch als Sonnenmutter angesehen worden sein.

Die Seelenmutter-Symbolik findet sich bei den Drachenfrauen, die auf dem Grunde der Gewässer wohnen.

XI   Die Meeresgöttin in Amerika und Ozeanien

Der gemeinsame Ursprung des Homo sapiens in Eurasien, Amerika und Ozeanien und folglich auch seiner Mythen liegt ebenfalls ca. 20.000 Jahre zurück, da Amerika um ca. 14.000 v.Chr. von Nordostasien aus besiedelt worden ist.

XI 1.   Java

Auf Java wird die Göttin Ratu Kidul verehrt, die „Königin der Südsee" und „Großmutter" genannt wird. Sie hat sehr viele verschiedene Beinamen.
Sie beherrscht das Meer und hat die Gestalt einer jungen Frau mit dem Unterleib einer Schlange oder eines Fisches. Sie kann alle Gestalten annehmen, aber sie erscheint meistens als junge oder als sehr alte Frau.
Sie trägt fast immer wasser-grüne Kleider.

XI 2.   Inuit

Der Name der Inuit-Göttin Sedna bedeutet „die da unten im Meer". Sie wurde auch „die Alte der Meere" und „Mutter aller Meerestiere" genannt. In Ostgrönland hieß sie „Immap ukuua" („Mutter des Meeres") und in Westgrönland „Arnarquashaq" („majestätische Frau"), während sie im Nordwesten der Hudson Bay „Nuliajuk" („liebe Frau") genannt worden ist.
Sie hat die Gestalt einer Frau mit einem Fischunterleib und lebt in ihrem Haus auf dem Meeresgrund, das von Seehunden bewacht wird und in dem Sedna zusammen mit Fischen und Vögeln wohnt.
Sie ist eine Seherin und weiß alles – und die, die gegen ihre Verbote verstoßen, läßt sie im Sturm auf dem Meer ertrinken. Dann müssen die Schamanen zur ihr hinab-reisen, um ihr Haar zu kämmen und sie wieder zu versöhnen.

Das Motiv der Meeresgöttin als Frau mit Fischunterleib ist offenbar schon sehr alt, da es sich in ganz Eurasien und auch in Amerika findet.
Bei den Inuit in Grönland, die als Jägervolk vermutlich eine recht alte Form der Mythologie bewahrt haben, wohnt die Meeresgöttin zusammen mit Fischen und

Vögeln (Seelenvögel) in einem Haus auf dem Meeresgrund. Sie ist noch deutlich als Mutter der Seelen erkennbar.

Ihre Ähnlichkeit mit der germanischen Ran ist recht groß.

Es ist zwar denkbar, daß es einen Austausch der Inuit mit den Wikingern gegeben hat, die um 875 n.Chr. Grönland entdeckten, aber es ist nicht anzunehmen, daß dadurch die analogen mythologischen Motive bei den Germanen entstanden sind, da es bereits um ca. 900 n.Chr. bei den Nordgermanen die Vorstellung der Halle der Ran gegeben hat und diese zudem um 700 n.Chr. Vorläufer in der Halle der Mutter des Tyr-Grendel hat.

XII   Die Meeresgöttin in Afrika

Die afrikanische Meeresgöttin ist von dem Volk der Yoruba in Westafrika und aus Brasilien und Kuba bekannt, wohin ein Teil der Yoruba als Sklaven verschleppt worden ist.

Der gemeinsame Ursprung dieser Meeresgöttin mit den übrigen Meeresgöttinnen liegt mindestens 50.000 Jahre, eher 70.000 Jahre zurück, da damals der Homo sapiens von Afrika aus nach Eurasien ausgewandert ist – falls es eine derart alte gemeinsame Wurzel gegeben haben sollte.

Da es keine frühen Überlieferungen über die westafrikanische Meeresgöttin gibt, ist es jedoch nicht möglich, den Ursprung dieser Göttin sicher festzustellen – es sind sehr viele verschiedene gegenseitige Beeinflussungen insbesondere in nachchristlicher Zeit sowie Parallelentwicklungen denkbar. Daher ist es unklar, wie alt der Kult der westafrikanische Meeresgöttin ist.

XII 1.   Westafrika/Brasilien/Kuba

Der Name „Yemaya" der Meeresgöttin stammt aus der Sprache der Yoruba, in der er „Yeye omo eja" lautet und „Mutter der Fische" bedeutet. Bei den Yoruba in Westafrika ist Yemaya eine Meeresgöttin und eine Muttergöttin. Sie ist zudem eine Flußgöttin, die im Niger lebt. Als Wassergöttin ist sie auch eine Beschützerin der Seefahrer.

In Brasilien wird sie als Frau mit Fischunterleib dargestellt. Dort ist sie die Mutter aller Menschen und die Errettin der Sonne. Es läßt sich leider nicht mehr sicher feststellen, wie alt dieses afrikanische Motiv der Menschen- und Sonnenmutter ist.

> Die ursprünglichen Eigenschaften der westafrikanische Meeresgöttin Yemaya lassen sich nicht mehr sicher feststellen. Sie ist die Mutter der Menschen und der Sonne.

XIII   Die Biographie der Ran

XIII 1.   späte Altsteinzeit

Von dem Homo sapiens, der um ca. 50.000 v.Chr. von Nordostafrika nach Eurasien eingewandert ist, ist bekannt, der er das Gleichnis zwischen dem Sonnenauf- und -untergang und der Geburt und dem Tod gekannt hat und daher evtl. auch schon die Erde und das Meer als das Jenseits aufgefaßt hat. Da die Ankunft der Seelen und der Sonne im Jenseits auch schon damals als Wiedergeburt angesehen worden ist, könnte es sein, daß es bereits bei den ersten Vertretern des Homo sapiens in Eurasien die Vorstellung der „Großen Mutter im Meer, die am Morgen die Sonne gebiert" gegeben hat.

XIII 2.   frühe Jungsteinzeit

Das Motiv der Meeresgöttin, die die Wiedergeburtsmutter der Sonne und vermutlich auch der Seelen gewesen ist, ist für diese Zeit (10.000 v.Chr.) recht wahrscheinlich, da mehrere verschiedene Völker, die von den frühen Ackerbauern in Mesopotamien abstammen, eine solche Göttin gekannt haben – die sie vermutlich von ihren Vorfahren aus der späten Altsteinzeit übernommen haben.

Es ist möglich, daß es bereits um diese Zeit die Vorstellung von einem Haus der Meeresgöttin auf dem Meeresboden gegeben hat (wie den blauen Lapislazuli-Palsat der sumerischen Ereshkigal) – sicher ist dies jedoch nicht.

XIII 3.   frühe Indogermanen

Bei den frühen Indogermanen, die von den Ackerbauern in Mesopotamien abstammen, die um ca. 7.000 v.Chr. über den Kaukasus in die südrussische Steppe gezogen und dort zu Viehzüchtern geworden sind, hat sich die Meeres-Muttergöttin weitestgehend in die Fluß-Muttergöttin Dehnu verwandelt, von der mehrere Flußnamen wie Donau, Don, Dnjepr und Dnjestr abstammen.

XIII 4. späte Indogermanen

Die Vorstellung über eine Meeresgöttin scheint sich jedoch auch bis in die Spätzeit der ursprünglichen Indogermanen erhalten zu haben, da sie sich in den Mythen der Germanen, der Römer, der Griechen und der Balten findet.

Es ist allerdings nicht auszuschließen, daß sich die Flußgöttin Dehnu unter dem Einfluß der an der Küste lebenden Völker, auf die die Indogermanen bei ihrer Expansion ab ca. 2.800 v.Chr. getroffen sind, wieder zu einer Meeresgöttin zurückverwandelt hat.

XIII 5. West-Indogermanen

Es fällt auf, daß die bekannten indogermanischen Meeresgöttinnen alle von den West-Indogermanen stammen: von den Germanen, von den Römern, von den Balten und von den Griechen.

Es wäre gut denkbar, wenn auch nicht beweisbar, daß die Menschen der Megalithkultur, die Seefahrer gewesen sind und die Küsten des Mittelmeeres und die Küste von West- und Nordeuropa besiedelt haben, eine Muttergöttin verehrt haben (was für ein Seefahrer-Volk recht wahrscheinlich ist) und daß die Indogermanen diese übernommen haben. Der Bereich der indogermanischen Völker mit Meeresgöttin entspricht genau dem Bereich, in dem die Indogermanen das Siedlungsgebiet der Megalithbauer übernommen haben …

Das Volk, das von ca. 5000-1000 v.Chr. die Megalithbauten errichtet hat, stammt wie die Indogermanen von den frühen Ackerbauern in Mesopotamien ab – nur sind die Megalithbauer Seefahrer und die Indogermanen Viehhirten geworden.

Das Motiv des indogermanischen Sonnengott-Göttervaters in der nächtlichen bzw. winterlichen Unterwelt (Ägir, Poseidon, Neptun u.a.), die des öfteren auch eine Meeresunterwelt ist, könnte ein Überbleibsel des alten Motivs der Wiedergeburt der Morgensonne durch die Meeresgöttin sein.

Das übliche Motiv bei den Indogermanen ist jedoch die Geburt der Sonne durch Heusos, die Göttin der Morgendämmerung – die jedoch ursprünglich auch eine Meeres- oder Erdgöttin gewesen sein könnte.

XIII 6. Nordgermanen bis 500 n.Chr.

Die nächste Phase der Entwicklung ist die Meeresgöttin der Nordgermanen, die die Mutter des damaligen Sonnengott-Göttervaters Tyr gewesen ist. Ihr Name ist möglicherweise „Margerdr" gewesen.

Die Steinritzungen der Germanen in Skandinavien (1800-500 v.Chr.) könnten ein Hinweis auf eine Meeresgöttin sein, da sie sich alle direkt an der Küste ein paar Meter oberhalb des Meeresspiegels befinden. (In den letzten 3000 Jahren hat sich Skandinavien jedoch um einige Meter erhoben, sodaß diese Steinritzungen heute höher liegen).

Zumindestens in den letzten Jahrhunderten dieser Epoche wird es auch das Motiv der „Halle der Ran" gegeben haben, in der der damalige Sonnengott-Göttervater Tyr des Nachts weilte.

XIII 7. Nordgermanen nach 500 n.Chr.

Durch die Absetzung des Tyr durch Thor und Odin verlor auch die Meeres-Muttergöttin, die am Morgen die Sonne (Tyr) gebar, ihre Funktion. Sie wurde zunehmend zu einer Personifikation des Meeres umgedeutet, die bald schon als die Feindin der Seeleute aufgefaßt worden ist und daher den neuen Namen „Ran", d.h. „Räuberin" erhielt.

Das Netz der Ran, mit dem sie nach Seeleuten fischt, stammt vermutlich aus dem Kampf des Sommergottes Tyr mit dem Wintergott Loki, bei dem sich die beiden auch in einen Hecht bzw. in einen Lachs verwandelt haben, die der jeweilige Gegner dann mit einem Netz zu fangen versucht hat.

XIV   Das Aussehen der Ran

Über das Aussehen der Göttin Ran wird nirgendwo etwas gesagt, weshalb man vollständig auf Schlußfolgerungen angewiesen ist.

Sie sitzt in ihrer Halle am Meeresgrund, die mit Luft und nicht mit Wasser gefüllt ist – wie man aus dem Beowulf-Epos, der Beschreibung der Halle der Saga und Friggs Halle Fensalir schließen kann.

In ihrer Halle muß es eine große Tafel geben, an der die ganzen Asen speisen können. Die Halle wird von dem Gold auf dem Fußboden erleuchtet.

Ihr Netz ist der einzige Gegenstand, der mit ihr assoziiert wird.

Sie ist eng mit Freya verbunden, die manchmal auch als Seekuh erscheint. Daher könnte es sein, daß Ran wie Freya einen goldenen Halsreif trägt, der das Symbol der Sonne und der Wiedergeburt gewesen ist.

In einigen Sagas können sich Zauberinnen in Seekühe, Wale u.ä. verwandeln, was vermutlich ein Motiv aus den Mythen der Meeresgöttin ist. Da auch der Sonnengott-Göttervater Tyr in der Wasserunterwelt zu einer Robbe oder zu einem Wal werden kann, ist anzunehmen, daß aufgrund der Wiederzeugungs- und Wiedergeburts-Symbolik auch Ran die Gestalt einer Robbe oder eines Wals annehmen kann.

In Rans Unterwasser-Halle werden auch ihre neun Töchter sitzen.

Es wäre zwar denkbar, daß Ran einen Fischunterleib und Algen-Haare hat, aber eine derartige Schilderung der Göttin ist nirgendwo überliefert worden, weshalb dies ausgesprochen unwahrscheinlich ist.

Ran sitzt in ihrer von dem Gold auf ihrem Fußboden erleuchteten Meeresgrund-Halle auf einem Hochsitz. Neben ihr sitzt ihr Mann Ägir auf einem zweiten Hochsitz. Vor ihnen steht die Tafel, an der die Asen sitzen, wenn sie zu Ägir zu einem Trinkfest kommen.

Ran trägt ein langes Frauengewand und einen Umhang, der an seinem Rand möglicherweise mit Wogen, Seesternen und Fischen bestickt ist.

Sie trägt an ihren Hals einen goldenen Halsreif, der hell leuchtet.

In ihrer rechten Hand hält sie ein Netz, das über ihre Knie bis auf den Boden herabfällt und dort ausgebreitet liegt.

Um Ran herum stehen in einem Halbkreis ihre neun Töchter, die die Wogen des Meeres verkörpern, und blicken denen entgegen, die in die Halle eintreten.

Hinter Ran ist manchmal halbdurchscheinend die Gestalt eines riesigen Wals zu sehen – diese Gestalt kann Ran als Königin des Meeres annehmen.

XV Zugang zu Ran

Am naheliegendsten ist es für Fischer, Seefahrer und andere Menschen, die viel Zeit auf oder am Meer verbringen, Ran um Schutz und Hilfe anzurufen.

Es gibt jedoch noch ein anderes Motiv, das mit Ran verbunden ist und jeden Menschen betrifft: Die nächtliche, ungeborene Sonne im Bauch der Meeresgöttin ist eines der Urbilder für das Urvertrauen: das ungeborene Kind im Bauch seiner Mutter. An diesen pränatalen Zustand kann man sich durchaus mithilfe von Meditationen und Traumreisen erinnern.

Das Erlebnis dieses Urvertrauens kann eine große Hilfe im Leben sein – insbesondere dann, wenn es viele Verwandlungen und Änderungen gibt, die man nicht selber gezielt herbeigeführt hat …

Dieses Erlebnis der Geborgenheit als „Sonne in der Meeresgöttin" ist ein Aspekt der generellen Geborgenheit als Kind bei der Muttergöttin … auf deren Schoß man sitzen kann, an deren Brüsten man trinken kann, von deren Armen man gehalten wird … und in deren Schoß man herangewachsen ist …

XVI Hymnen an Ran

Die Hymnen an die Götter und Göttinnen in der Reihe „Die Götter der Germanen" sind keine Originaltexte, sondern zum einen Zusammenfassungen der Ergebnisse der dem Dichten dieser Verse vorausgehenden Betrachtungen über die betreffenden Gottheiten und zum anderen „Gebrauchslyrik" zur Erleichterung der Konzentration vor Meditationen oder für Anrufungen in Ritualen.

Diese Lieder haben daher keine endgültige oder gar „einzig richtige" Form, sondern sind zum Gebrauch, zum Verändern, zum Weiterdichten und zur Inspiration beim Schreiben von eigenen Liedern gedacht.

Bitte um einen Segen für eine Seereise

Ran, rasche Göttin des Meeres,
Ran, ruhige Herrin der See:
Schütze mich auf dem Schwanen-Weg!
Schirme mich in dem Schwingen-Roß!

Ran, Räuberin des Wogen-Reichs,
Ran, Wölfin des Wellen-Rudels:
Leite mein Boot sicher zum Strand!
Lenke mein Schiff gerade zum Land!

Göttin, bleibe fern als garst'ge Fischerin:
gefährde uns nicht als neunfache Riesin,
lau're nicht auf uns mit Lokis Werk,
lade uns nicht ein zum Met in Deinem Saal!

Bleib uns fern als braungelockte Räuberin,
Brandungs-Bewegerin, Eisberg-Asin,
Gischtkronen-Hel, grausige Eisbrünnen-Gerdr
mit gellendem Sturm-Atem und Regen-Schweiß!

Göttin, komme als gütige Hilfe:
gibt uns sanften Wind und warme Sonne,
mit gelöstem Algenhaar und munter schwimmend,
im Muschelkleid und fröhlich Wogen-tanzend.

Göttin, komme als Wal, gleite zu uns her,
gib uns Dein Geleit als spielender Delphin;
reise mit uns als Robbe durch das wogende Meer,
rate uns den Kurs als zahnbewehrte Kuh der See.

Schütze uns vor Sturm, vor scharfen Bergen aus Eis,
Schwimme uns voraus, damit wir niemals in die Irre geh'n
Leite uns sicher durch das Reich des Hler,
Leuchte uns mit dem Stern am Himmelspol zum Hafen.

Ran, laß uns heil von der Heimat losfahr'n,
Ran, laß uns heil zur Heimat wiederkehr'n!
Gib uns gute Fahrt auf allen Meeren,
Gib uns gute Ankunft an jedem Kai!

    Schwanen-Weg = Meer
    Schwinge = Segel; Schwingen-Roß = Schiff
    Wogen-Reich = Meer
    Wölfin = Räuberin
    Wellen-Rudel = mehrere Wogen
    Lokis Werk = Netz
    von Ran zum Met eingeladen werden = ertrinken
    Gischtkronen-Hel = Ran
    Eisbrünne = zugefrorene See; Eisbrünnen-Gerdr = Ran
    Kuh der See = Seekuh (großes, Robben-ähnliches Meerestier)
    Hler = Meeresgott (Tyr); sein Reich = Meer
    Stern am Himmelspol = Polarstern, Nordstern (Orientierung für die Seefahrer)
    Kai = Pier, Anlegemauer im Hafen

Das Bild der Göttin in der fünften Strophe ist eher griechisch-heiter als germanisch-herb geraten ...

Ran und Hel

Wer von euch war dort am Strand?
Wer von euch stand da am Feuer?
Als Baldurs Lohe brannte,
Als Baldurs Feuer flammte?

Hyrrokkin empfing den hehren Asen,
Hyndla kam, ihn in die Hel hinabzuholen;
Ran stand dort in der rauschenden Flut,
Rief den Goldhaar-Asen zu sich ins Meer.

Hel: „Baldur kommt zu mir – der Brave starb an Land!"
Ran: „Baldur kommt zu mir – er liegt im Schiff!"
Hel: „Der Ase soll in Hel nun wohnen – dort wartet der Met!"
Ran: „Der Ase soll in meiner Halle weilen – dort scheint das Sonnengold!"

Flammen stieben aus Hringhorni, Feuer umarmte den Asen,
Funken flogen hoch empor in dunkle Nacht ...
Hel stieg an Bord des Schiffes, hoch auf das Deck;
Hastig folgte Ran ihr nach auf die glühenden Planken.

Hel: „Ich bin Freyas Erbin, ich bin Menglöds Tochter,
Ich bin Iduns Schwester – er soll ins Hügelgrab!"
Ran: „Ich bin Friggas Erbin, ich bin Sagas Tochter,
ich bin Grendel-Mutters Enkelkind – er soll ins Meer!"

Hel: „Weiche, Wasserratte, was willst Du hier?
Wohnst in trüber Tiefe – nasses Weib!"
Ran: „Gehe heim in Deine Gräber, Schlangenmutter!
Grüße den Moder von mir – Drachenfrau!"

Hel: „Ich habe den goldenen Ring, ich halte Brisingamen!"
Ran: „Ich werfe das Netz, ich fische – er gehört mir!"
Hel: „Sein Lager ist bei mir in seiner Grabeskammer schon bereit!"
Ran: „Sein Bett steht schon für ihn in meiner lichten Halle!"

Hel: „*Du, Ran, willst Deine Schenkel um ihn schlingen, geile Frau!*"
Ran: „*Und Du, Hel, willst Deine Hüften für ihn wiegen!*"
Hel: „*Wer will schon Dich umarmen? Du bist kalt wie Eis!*"
Ran: „*Wer will schon Deine Lippen küssen? Geschwärzt vom Feuer!*"

Hel: „*Erfrorene Arme, eisige Haut und eklige Algen im Haar!*"
Ran: „*Ein schwarzer Leib und rußige Brüste, ein großes Maul!*"
Hel: „*Ein Heim bei kreischenden Möwen, ein Haus voller Tang!*"
Ran: „*Ein Hügelgrab bei heulenden Wölfen, eine Grube voller Getier!*"

Da riß Hel an der Meeres-Asin Haar,
da zerrte sie die Wogen-Dise hin zum Feuer;
Ran schlug die Toten-Rindr auf die Nase,
rasch zog sie die Hügel-Göttin hin zum Wasser.

Ran: „*Ich, Ran, bin Frigg – die Frau des Odin!*
Folglich bin ich mit Fug und Recht die Herrin hier!"
Hel: „*Ich, Hel, bin Freya – und Widrirs Geliebte!*
Was willst Du denn mir noch sagen?"

Baldur: „*Hört mich an, ihr heulenden Weiber,*
hier seid ihr am keifen! Hier am Feuer!
Seht, ich bin der Feuervogel, Baldurs Seele,
Säumet nicht, trinkt nun vom Met, erinnert euch!

Wer seid ihr beide? Woher kommt ihr?
Was sind eure Sippenbande?"
Da schwiegen die Frauen dort auf dem Schiff,
dann blickten sie beide einander an.

Hel: „*Vor fünfhundert Jahren, da warst Du, Ran,*
Frau und Mutter des Tyr – in nächtlicher Flut!"
Ran: „*Vor fünfhundert Jahren, da warst Du, Hel,*
Frau und Mutter des Loki – in finsterer Kammer!"

Ran: „*In alter Zeit, in der hohen Halle des Frodi:*
Hel warst Du da, und Freya und die Riesin Menya!"
Hel: „*Damals, lange ist's her, dort in dem Saal des Wanen:*
da warst Du Ran und Frigga und man nannte Dich Fenja."

Ran: „Schwestern waren wir und schwangen den Mühlstein,
mal schweigend, mal singend – so zauberten wir."
Ran: „Wir setzten die Könige auf ihren Thron, wenn wir es so wollten;
Wind riefen wir, und wütenden Sturm, wie es uns damals gefiel."

Hel: „Meer-geboren war Tyr, im ersten Monat des Sommers,
milde gehalten von Dir, Ran, Mutter des Meeres."
Ran: „Höhlen-entsprungen war Loki, in den Winden des Herbstes,
hütend und schützend bargst Du den jungen Asen."

Ran: „Tyr herrscht im Sommer, er ist heut' und jetzt Baldur;
höre Schwester, er gehört Dir, Asin des Meeres."
Hel: „Loki herrscht heute im Winter, er ist jetzt Hödur;
höre Schwester, er gehört Dir, Asin der Hügel."

Ran und Hel:
„So haben wir beide einen Geliebten und einen Sohn,
sind beide die Mütter der beiden Asen;
uns entspringen Sommer und Winter,
wir drehen das Rad, das endlos kreist."

Hyrrokkin („Rußgeschwärzte") und Hyndla („Hündchen") sind zwei andere Namen für Hel („Höhle").
Goldhaar-Ase = Baldur
Sonnengold = das leuchtende Gold auf dem Fußboden der Halle der Ran
Hringhorni = Baldurs Schiff, auf dem er verbrannt worden ist
Hel-Hyndla und Freya nennen sich im Hyndla-Lied „Schwestern".
„Menglöd" ist ein Beiname der Freya
Frigg, Saga, Grendels Mutter und Ran wohnen in einer Unterwasser-Halle.
Die Schlangen und Drachen waren die Gestalt der Totengeister.
Meeres-Asin = Ran
Dise = Göttin; Wogen-Dise = Ran
Rindr = Erdgöttin; Toten-Rindr = Hel
Hügel = Hügelgrab; Hügel-Göttin = Hel
Widrir = Odin
  Mit dem Trinken des Mets gedachte man der Ahnen, aber der Met gab auch die Erinnerung an die Ahnen.
Menja = Freya (<u>Meng</u>löd)
Fenja = Frigg (<u>Fen</u>salir)

Mühlstein = Im Grottenlied sind Fenja und Menja zwei Mägde, die Mehl mahlen.

Nach der Absetzung des Tyr als Göttervater durch Thor und Odin wurde aus dem Sonnen-Aspekt des Tyr der Odin-Sohn Baldur und aus dem Winter-Aspekt des Loki Odins Sohn Hödur. Baldur und Hödur waren wie zuvor Tyr und Loki Brüder.

Rad = Jahreszeiten-Folge (Analogie zu dem Mühlstein, den Menja und Fenja drehen)

Ran und Ägir

Das folgende fand nach den Ereignissen in dem Lied „Lokasenna", das auch „Ägirs Trinkgelage" genannt wird, in der Halle der Ran statt.

„Nun liegt Loki gefangen,
Loptr ist in Hel gebunden;
Frieden ist heimgekehrt nach Fensalir.
Und fortan bist Du hier König, Ägir."

„Das bin ich für drei Monde,
Für die Dauer einer Sommerzeit.
Und König? Das klingt nicht richtig, Ran,
Kommen denn die alten Zeiten zurück?"

„Wer sollte Dich denn weisen können,
Wogen-Gold, Weisheits-Hüter,
Hier in der Meeres-Halle,
in dem hohen Saal der Ran?"

„Bin ich noch Herr von Asgard, das ich erbaute?
Am Baum stand ich, blickte über die Welt;
Lang ist das her, längst vergangene Zeiten ...
Liebe Meeres-Herrin, mache Dir nichts vor!"

„Willst Du das nicht wieder haben?
Warum holst Du es Dir denn nicht jetzt zurück?
Was hindert Dich, Deine Würde zu wahren,
Wieder König auf dem Idafeld zu werden?"

„Thor hat mich besiegt, Odin mir den Thron genommen,
Töricht wäre es, erneut zu kämpfen und zu streiten.
'Rache ist des Kriegers Pflicht' – ich hör' schon Deinen Rat –
Rasch käme ich dann nach Walhall – und dann?"

„Wo ist Deine Ehre? Wohin ist denn Dein Ruhm?
Wer bist Du noch – ein Schatten Deiner selbst!
Hol' Dir zurück, was Du verlorst, die Himmels-Halle,
Die Hohe, die Weite, die Gold'ne, die Uralte!"

„Es herrschte Krieg, es herrschte Kampf,
Es herrschte Aufruhr allenthalben,
Als die Menschen den einäugigen Asen wählten,
und Asgard dem Herrn des Donners gaben."

„Was hat das zu tun mit Deiner Ehre, Deinem Weg?
Wo ist Deine Wut? Wo ist Deine Stärke?
Müde ist Dein Bein! Mager ist Dein Arm!
Und nur mäßig munter ist Dein Freudenstab!"

„Schweig jetzt, Ran, Du schwingst zu lose Reden!
Schwer ist auch mir selbst mein Schicksal!
Doch es war gut für das dicht bewohnte Midgard,
daß Odin, daß Thor an meine Stelle trat."

„Willst Du sagen, daß Du vor Feinden weichst?
Wirklich – Du warst mal der Herr der Götter?
Du bist eine Schande für diese Halle!
Derlei Dinge wurden hier noch nie gesagt!"

„Denke, schaue, prüfe, bevor Du derart redest!
Denn Midgards Männer brauchten einen Halt:
Ich sterbe und werde geboren und sterbe erneut,
Ich bin stark, doch ich bin der Wandel und kein Fels."

„Das ist das Leben, so ist der Lauf der Dinge,
Längst haben die drei Nornen dies beschlossen.
Was sollte daran falsch und unwahr sein,
Wenn doch jeder Narr dies leicht erkennen kann?"

„Die Hunnen kamen, die Heime aller waren in Gefahr,
Hoch im Norden, tief im Süden: Krieg und Kampf!
Sie brauchten einen König, der stets siegt,
Sie sehnten sich nach einem Allmacht-Asen!"

„Und wer soll das anders sein als Du, die Sonne?
Sahst Du jemals einen heller strahlen?
Midgard, Utgard bergen nirgendwo ein mächtigeres Licht!
Vermag denn irgendeiner in Asgard mehr zu finden?"

„Höre, Ran, sie brauchten Halt und nicht den Wandel:
Sie holten sich den Gungnir-König hoch nach Asgard.
Sie fürchteten den Tod, sie flohen vor dem Grab,
Doch war das feige? Ihre Welt war ganz in Aufruhr!"

„Dann hätten sie kämpfen sollen – und siegen!
Selbst Du wärst doch nicht vor vielen Feinden gewichen!
Und sie verlassen ihren Führer in der Schlacht
und fliehen zu dem Raben-Vater!"

„Siehst Du nicht, was sie da suchten?
In stürmischer See den Fels!
Einen mächtigen König, der alles vermag,
der Midgard und alle Dinge lenkt!"

„Und bist Du das nicht? Bist Du bar aller Kraft?
Bis die Hunnen kamen, bist Du doch der Herrscher gewesen!
Und alles war gut, die Asen gediehen,
die alte Sonne ging unter, die junge Sonne ging auf."

„Das ist es: Ich bin der Wechsel, der Wandel!
Sie wähnten mich deshalb schwach
Und suchten das Unwandelbare
und fanden Thor, und fanden Odin."

„Du sagst, sie suchten die Herrschaft des Einen?
Sehnten sich nah dem König, der alles lenkt?
Gaben ihren Willen auf? Vergaßen ihre Macht?
Und lebten als Sklaven unter einem großen König?"

„Sie lebten weiter – und sie lernten etwas Neues:
Lange kannten sie schon meinen Wandel:
Nun sahen sie die Mitte, strahlend und unwandelbar,
ihre Seele, ja, ihr Ich – das hat ihnen Odin da gezeigt!"

„Was sagst Du da? Erst Odin zeigte ihnen ihre Seele?
Du, der Sonnengott, sagt dies? Ist das wirklich wahr?
Was ist das Bild der Seele, wenn nicht die Sonne?
Was scheint in jedem Herzen? Das goldene Licht!"

„Ja, ich war das Bild der Seelen bis Raben-Widrir kam,
Er hat ihnen gewiesen, die Sonne in sich selbst zu finden.
Und nicht nur den Königen wie ich,
nein, er hat sie jedem Mann gezeigt!"

„Und Du meinst wirklich, deshalb habe Munins Herr gesiegt?
Weil er der Menschen Augen weit geöffnet hat?
Für die Seele im Saal des eigenen Herzens,
für den goldenen Schein in der Halle der Brust?"

„Vor langer Zeit haben viele Weise verkündet,
Wenige wußten es nur zuvor und jetzt ein jeder:
Erkenne Dich selbst und sei Dein eigener König!
Deine Seele leuchtet in Dir und sie ist Dein Weg!"

„Und das hat Midvitnis den Menschen gezeigt?
Vermochte er das zu bewirken in Midgard?
Reichte er den seinen einen polierten Schild,
Einen Spiegel, in dem sie sich dann selber sahen?"

„Er wies ihnen den Weg zu sich selber.
Das war es, was er ihnen brachte.
Deshalb verließen sie unsere Tempel-Säle
und schauten auf den Einaugen-Ase."

„Und wir? Nur zwei Riesen im wogenden Wasser ...
in den Weiten des Meeres – machtlos und klein ...
Das willst Du dulden? Das willst Du ertragen?
Damit willst Du Dich bescheiden und in Frieden sein?"

„Bin ich nicht der Ase des Wechsels und Wandels?
Das Leben geht nicht die Wege, die ich wähle ...
Aber es wird auch nicht bleiben, wie es jetzt grad' ist,
denn ein neuer Wandel wird noch kommen – bald."

„Was meinst Du? Was siehst Du? Was weißt Du?
Ich wähnte, ich sei sei die Seherinnen-Asin,
Doch ich weiß nicht, was da kommen mag ...
Wovon sprichst Du, Ägir, was siehst Du da kommen?"

„Es werden mächtige Männer kommen von ferne,
Hier nach Midgard, zu der Insel im Meer:
Mit Worten und Wundern als ihren Waffen
Werden sie einen neuen Gott verkünden."

„Und Du wirst dann der Dritte in dieser Folge werden?
Dann wird jeglicher Ruhm vergehen und verblassen!
Was wirst Du dann noch sein, O Ägir, Du Großer?
Ein dunkler Schatten im Meer, den niemand mehr sieht!"

„Nein, ich werde hier im Norden
mit dem Neuen verschmelzen,
und es wird noch immer die Sonne sein,
deren Schein in den Herzen leuchtet."

„Dem soll ich trauen? Und danach sollen wir trachten?
Unser Tod wird das sein – unser Ende!
Wer wird unsere Namen noch wissen?
Wo werden wir dann noch genannt und geehrt?"

„Ich brauche nicht meinen Namen in aller Munde,
Nur mein Licht soll in allen dann leuchten.
Und Odin ist auch garnichts andres ...
Es ist das Licht, das in allen Herzen erwacht."

„Du sprichst wie Bragi nach zuvielen Bechern mit Met!
Bist Du das wirklich? Einst warst Du der König des Himmels!
Nun löst Du Dich auf – wie ein Horn Met in der See!
Dann werde ich Dich hier wohl bald nicht mehr seh'n?"

*„Es wird eine Zeit kommen, in der wir alle leuchten werden,
Die Wanen, die Asen, die Götter der vieler Länder,
In der sie den Krieg beenden, in einem Kreise beisammenstehn,
Eine neue Kunst: die Vielfalt in Gemeinschaft gefaßt."*

*„Tochter, eil' in den Keller, prüfe die Kufen, die Fässer:
Ist dort kein Met mehr, hat Ägir den Wein ganz geleert?
Dein Vater spricht irre, den Verstand hat er verloren,
Die Vernunft hat er verlegt, sein Wissen vergessen!"*

*„Du brauchst nicht zu prüfen, Ran, meine Braut!
Besser ist's, wenn wir nun das sehen, dem folgen,
Was die Nornen uns senden, der Weisheit zum Nutzen,
Was nährt unser Wachstum – im Hier und im Jetzt."*

*„Was macht Dich auf einmal nüchtern, mein Mann?
Mächtig schien mir das Traumbild in Dir zu sein!
Komm' jetzt auf mein Lager, laß uns jetzt kosen,
Kostbar ist die Zeit, die die Nornen uns geben!"*

*„Wir werden sehen, ob ich die Wahrheit schaute,
Ich wünschte, es werde so kommen:
Eine bunte Gemeinschaft, und Vielfalt ... ein Bund ...
Oh – bar der Kleidung bist Du schon – ich komme!"*

  Lopr = Loki
  Fensalir = Friggs Halle; hier: Rans Halle
  drei Monde = Der Sommer dauerte bei den Nordgermanen drei Monate, der Winter neun Monate.
  Wogen-Gold = Sonne = Tyr-Ägir
  Weisheits-Hüter: Tyr (Ägir) galt als weise.
  Baum = Weltenbaum
  Idafeld: Ort, an dem Asgard steht
  Herr des Donners = Thor
  Freundenstab = Penis
  Hunnen: Tyr wurde während der durch den Einfall der Hunnen ausgelösten Völkerwanderungszeit durch Thor und Odin abgesetzt.
  Gungnir = Odins Speer; Gungnir-König = Odin
  Raben-Vater = Odin

Widrir = Odin; Raben-Widrir = Odin
Munin = einer der beiden Raben des Odin; Munins Herr = Odin
Midvitnis = Odin
Einaugen-Ase = Odin

Wie man an den Skalden-Liedern mit christlichem Inhalt sehen kann, wurden der christliche Gott Vater und auch Christus von den Germanen der Sonne und somit dem ehemaligen Sonnengott-Göttervater Tyr gleichgesetzt.

XVII Traumreise zu Ran

Ich lege mich hin, decke mich zu und blicke nach innen. Ich sehe mich sofort an einem Meeresstrand – das ging ja sehr schnell!

Ich stehe am Meer, es ist ein flacher Sandstrand, kleine Wellen, bedeckter Himmel, leichter Wind, die Luft riecht salzig, ich höre das Rauschen der Wellen …

„Ran? … Wo bist Du? … Ich würde Dich gerne kennenlernen."

„Hier … komm' hinab!"

Ich gehe in das Wasser hinein … dann tauche ich … ich muß ziemlich weit schwimmen, bis das Meer tief wird … es scheint die Nordsee zu sein …

Nun komme ich in tieferes Wasser.

„Ran, wo bist Du? Kannst Du mich leiten?"

Ich sehe eine kleine Krake rechts von mir.

Jetzt komme ich an einen steilen, tiefen Abhang unter Wasser. Ich tauche nach ganz unten – da leuchtet etwas.

Ziemlich nah an diesem Hang steht eine gelblich-weißlich leuchtende Halle.

Es wundert mich, daß hier alles so extrem naturalistisch aussieht – die Felsen des Hanges, die Pflanzen, die Fische, das Licht …

Ich schwimme zu der Halle. Ich trete durch den Eingang – das ist wie durch eine nicht-substantielle Folie zu gehen oder so … so als würde ich von dem Wasser rings um die Halle in das Haus eintreten, wie Auftauchen, nur das die Wasseroberfläche fast ganz glatt und senkrecht ist … ein seltsames Gefühl …

Ich schaue mich um – es ist hell hier, es ist warm …

Das Bild verändert sich ein bißchen – als wäre die Halle auf einmal größer geworden. Und das ganze Bild hat sehr viel schärfere Konturen und sehr viel mehr Details bekommen – es wirkt jetzt sehr realistisch.

An der hinteren Stirnwand sehe ich zwei Hochsitze – rechts sitzt Ägir, links sitzt Ran. Es sieht nicht aus wie das Arrangement in einer germanischen Halle (lange Tische und Bänke), sondern eher wie in einem Thronssal.

„Komm' her!" Ich glaube, Ägir hat das gesagt.

Ich gehe näher und ich habe irgendwie das Bedürfnis, auf ein Knie niederzugehen und mich vor den beiden zu verbeugen. Das tue ich.

Ich spüre, daß Ran lächelt, während ich das tue.

„Erhebe Dich," sagt sie.

„Gibt es etwas, was ihr mir sagen oder zeigen möchtet?"

„Du bist willkommen in dieser Halle," sagt sie, „weil Du nach der Wahrheit suchst."

„Ist das, was ich geschrieben habe, richtig?"

„Es wäre gut, wenn Du die Traumreisen machst bevor Du die Lieder schreibst, denn dann verstehst Du mehr."

„Ja, das verstehe ich. Ich wollte vermeiden, meine eigenen Bilder mit in das Geschriebene zu mischen."

„Bei den Liedern darf das sein."

„Gibt es etwas, das ich nicht gesehen habe? Etwas, das von Bedeutung ist"

„Ich bin die Muttergöttin. Und Du vertraust nicht der Mutter. Du vertraust nicht dem Leben."

„Ja, damit habe ich im Moment ein bißchen Mühe."

„Erlaube dem Leben, daß Du glücklich sein kannst."

„Wie meinst Du das?"

„Erzähle Dir nicht selber, wie die Welt ist, wie Du bist, wie Dein Leben ist, sondern sei offen für das, was da ist. Sei bereit loszulassen und zuzulassen."

Großer Seufzer …

„Das ist dasselbe, was Naropa mir gestern auf der Traumreise zusammen mit Silke gesagt hat."

„Ja. … Und laß zu, daß Dein Licht leuchtet – auch wenn Dir das peinlich wird. Laß zu, daß sich Dein Bild über Dich selber verändert."

Ich muß daran denken, daß Ägir, also Tyr, jeden Abend stirbt und jeden Morgen wiedergeboren wird – und daß das doch sehr ähnlich klingt wie dieses Loslassen.

Beide schmunzeln …

„Gibt es Mythen über Dich, Ran, von denen ich nichts weiß, die vielleicht gar nicht überliefert worden sind?"

„Es gab mal eine Mythe über mich und das Drachenschiff."

„Das Drachenschiff, in dem die Sonne über den Himmel fährt?"

„Ja."

„Und was ist diese Mythe?"

In mir sagt etwas, daß Ran dieses Schiff geboren hat, aber ich glaube, das war eher ein Gedanke von mir – Ran als die Mutter des nächtlichen Sonnendrachen ist auch Ran als die Mutter des Drachenschiffes, in dem Tyr am Tage über den Himmel fährt … das muß eine Assoziation in dieser Art gewesen sein …

„Ich bin mit der Entstehung dieses Drachenschiffs verbunden."

Längere Pause …

„Ich bin die Schlangengöttin gewesen. Das Drachenschiff ist zuerst einfach ein Drache gewesen. Daraus ist erst später das Schiff mit der Sonne in ihm geworden. Und es ist zunächst das Jenseitsreiseschiff gewesen – aber dann schon bald auch die Sonnenbarke im Diesseits."

Längere Pause …

„Hast Du schon immer in so engem Zusammenhang mit der Sonne und mit dem Sonnengott gestanden?"

„Das kennst Du doch. In Göbekli Tepe habe ich als die große Geierfrau die Sonne geboren."

„Ja, die Bilder kenne ich. … Wann bist Du denn zur Meeresgöttin geworden?"

„Spät … erst in Skandinavien …"

„Kam das aus der Kultur der Megalith-Leute?"

Ich warte, aber es kommt keine Antwort.

„Ran?"

„Ja?"

„Darf ich mit meinem Bewußtsein in Dich hinein kommen? Ich würde gerne spüren, wie Du dich anfühlst."

„Dann komm'!"

Ich tue das.

Großer Seufzer …

Es ist eine Ruhe in ihr, eine Selbstverständlichkeit – wie ganz tiefe Wurzeln … Ich bleibe eine Weile da und spüre dem nach. In ihr ist so ein selbstverständliches Muttersein. Das ist angenehm!

Auch ich werde von ihr als Kind angenommen …

Dort bleibe ich eine Weile und muß tief und herzhaft gähnen …

Ich komme wieder aus ihr heraus.

„Ran, ich glaube, die Verse aus meinem letzten Lied, in der ich über diese Debatte zwischen Dir und Ägir geschrieben habe, die trifft wohl nicht so ganz Dein Wesen."

„Das ist o.k. – um das Thema darzustellen, war das in Ordnung."

„Aber jetzt habe ich gemerkt, daß Du eigentlich Geborgenheit bist."

„Ja, das bin ich."

Ägir: „Was glaubst Du, warum ich hier bin?"

„Um wiedergeboren zu werden?"

„Ja, aber auch, weil es so gut tut, hier zu sein. Das ist wie der Schlaf, das ist Geborgenheit, das ist Rhythmus. Am Tag bin ich die Sonne am Himmel – und nachts kehre ich zurück in die Stille."

„Heißt das, Ran, daß Du Menschen helfen kannst, die nicht gut schlafen können?"

Sie lacht leise und freundlich. „Ja."

„Ran, gibt es einen Unterschied zwischen Dir und Hel oder Gerdr, also einer der anderen Jenseitsgöttinnen an Land?"

„Auch die Grabkammern in den Hügelgräbern sind der Bauch von Mutter Erde, aber hier in meiner Halle bist Du näher an der Erinnerung an Deine eigene Zeit vor Deiner Geburt – hier bist Du selber die leuchtende Halle im Wasser. Du bist hier näher an Deiner Erinnerung als Du das im Hügelgrab bist."

„Ja, das fühlt sich sogar noch echter an als in der Schwitzhütte."

„Ja, das ist das, was das Besondere an dieser Halle ist."

„Möchtest Du noch etwas zu mir sagen, Ägir?"

„Komm' her. … Knie Dich nieder."

Ägir legt wie gestern in der Traumreise der Yogi Naropa seine Hände auf meinen Kopf.

Tiefer Seufzer ...

Er weckt das goldene Licht in meinem Herzchakra.

„Merkst Du das? Du hast noch immer eine verkrampfte Hülle um Dich herum. Du läßt Dein Licht nicht strahlen."

Das merke ich sehr deutlich.

„Was ist diese Hülle?"

„Dein Wunsch, das Leben zu kontrollieren. Und Dein Wunsch, zu wissen, was Du bist – und Dein Wunsch, immer das gleiche zu sein. Es geht nicht nur darum, den Wandel draußen zuzulassen, sondern auch Deinen eigenen Wandel zuzulassen."

„Puh! ... So habe ich das noch nicht gesehen ..."

„Deshalb bist Du ja jetzt auch hier. Damit Du das erfährst."

„Und das ist Dein abendlicher Tod und Deine morgendliche Wiedergeburt? Das Loslassen Deiner Form?"

„So könnte man das ausdrücken, ja, auch wenn es da viel mehr gibt, was gleich bleibt."

Eine längere Pause und mehrere Seufzer ... das, was Ägir mir gesagt hat, setzt sich langsam in mir ...

„Ich brauche nicht zuverlässig zu sein?"

„Du bist das sowieso in hohem Maße. Du brauchst Dich nicht anzustrengen, das noch mehr zu sein."

„Und ich nehme an, das gilt auch für meine Treue?"

„Wenn Du losläßt und einfach schaust, was da ist, dann wirst Du aufhören, verkrampft treu zu sein, dann wirst Du entspannt treu sein."

„Das klingt gut! Das klingt wirklich gut! ... Und mich vom Leben leiten lassen?"

„Von Deiner Seele."

„Und dafür brauche die Geborgenheit bei Dir, Ran. Und Dein Vertrauen in Ran, Ägir."

Sie schmunzeln beide.

Ich hätte nicht gedacht, daß ich hier etwas so Warmes, Erfüllendes und Freundliches finden könnte – so eine Geborgenheit!

Vor lauter Freude und Zuneigung umarme ich erst Ägir und dann Ran – so etwas habe ich noch nie gemacht.

Sie lächeln ganz herzlich.

„Danke, ihr beiden! ... Gibt es noch etwas, was ihr mir mit auf den Weg geben wollt?"

„Komm' ab und zu hier her zu uns," sagt Ran.

„Ja," sagt Ägir.

„Das tue ich gerne! Vielen Dank! ... Bis bald!"

Ich gehe zu der Tür der Halle an der anderen Giebelwand, drehe mich noch einmal um und winke ihnen zu und gehe dann ins Wasser hinaus und schwimme wieder nach oben zum Strand.

Links von mir schwimmt ein Delphin mit mir mit. Er scheint zu lachen und sich zu freuen. Ich winke auch ihm zu.

Oh, er schwimmt zu mir her. Ich kann ihn mit meiner Hand streicheln. Ich merke, daß er mir etwas sagen will.

„Weißt Du, in welchem Bewußtsein ich bin?"

„Ja, in Dir sind der Tiefschlaf, der Traum und das Wachbewußtsein miteinander verknüpft – wie in den Zen-Meditationen – da Du immer nur mit einer Hälfte Deines Gehirns schlafen kannst, da Du sonst ertrinken würdest."

„Ja – aber so wissenschaftlich genau wollte ich es grad garnicht wissen. ... Du weißt auch, daß Du da hin kommen kannst?"

„Ja, ich habe das schon erlebt."

„Nunja, Du kennst dieses Erwachen – das ist genau das, wo es hingeht und das ist genau das, was Naropa Dir gestern gezeigt hat."

„Das ... war mir nicht deutlich. ... Danke! ... Ja, ich werde sehen, wie mein Weg dahin führt. Ich glaube, ich mache lieber kleiner Schritte – da gibt's noch irgendetwas, was mir nicht ganz geheuer ist; irgendetwas, was ich da loslassen oder zulassen muß – und ich glaube, ich würde es gerne sehen, bevor ich an der Stelle ankomme, an der ich es dann umsetzen muß."

„Das ist gut so."

„Danke, Delphin! ... wenn ich mal Deine Hilfe brauche, würdest Du dann kommen?"

„Aber ja!"

„Danke, bis dann! Mach's gut!"

„Du auch!"

„Ciao!"

Ich gehe wieder an den Strand, schaue noch mal über das Meer, und dann kehre ich zurück.

„Ho!"

An dieser Traumreise ist gut zu sehen, daß sich die Gottheiten der Germanen seit der Zeit, in der die letzten Lieder um ca. 1250 n.Chr. über sie geschrieben worden sind, deutlich weiterentwickelt haben. Das ist bei recht vielen Traumreisen zu beobachten.

XV Ran heute

Man kann Ran auch um Schutz bei Seereisen u.ä. bitten, aber ihre eigentliche Bedeutung liegt in der Geborgenheit, dem entspannten Schlaf, der Wärme und der Fülle, die sie geben kann.

Und Ran kann dem, der zu ihr reist, sicherlich noch viele andere Dinge zeigen …

Verzeichnis der Themen

(die Zahl ist die Nummer des Bandes, in dem sich das Thema findet)

1 47	540 47	Alius 32	Aur 55
2 47	700 47	Alraune 45	Aurboda 35
3 47	800 47	Alsvatr 5	Aurgelmir 5
4 47	900 47	Alswid 34	Aurgrimnir 5
5 47	1.200 47	Althiof 7	Aurnir 34
6 47	10.000 47	Alvor 35	Aurvandil 20
7 47	432.000 47	Alwis 7	Aurwang 7
8 47	1+8=9=8+1 47	Alwit 31	Aurwang 48
9 47	**Adler** 40	Ama 35	Austri 32
10 47	Adler auf dem	Amboß 67	Auzon => Kiste
11 47	Weltenbaum 41	Amgerdr 28	Axt 66
12 47	Adler bei der	Ampfer 45	**Bafur** 32
13 47	Einweihung 40	Andad 34	Bakrauf 35
14 47	Adlergestalt:	Andhrimnir 39	Baldrian 45
15 47	- des Franmar 40	Andvari 7	Baldur 9
16 47	- des Hraesvelgr 40	Angantyr 39	Bara 35
17 47	- des Odin 40	Angeyja 35	Bari 6
18 47	- des Thiazi 40	Angrboda 26	Bari 20
20 47	Adler-Traum der	Ann 32	Baugi 5
22 47	Kostbera 40	Annar 20	Bär 43
23 47	Aelrun 31	Arm-Wunde 63	Bärenfell 62
24 47	Affe 44	Arngrim 6	Barke 49
28 47	Agdai 39	Apfel 45	Bärlapp 45
30 47	Ägir 10	Asen 36	Basilikum 45
32 47	Agnar 39	Asgard 52	Beifuß 45
33 47	Ahnen 36	Ask 39	Beinvidr 34
36 47	Ai 32	Aslaug 31	Bekkhild 31
37 47	Aki 6	Asperan 34	Beleidigungs-
40 47	Aki 16	Astralreise 50	Wettstreit 73
41 47	Alban 32	Asvid 6	Beli 5
46 47	Alberich 7	Atem 64	Beowulf 39
48 47	Albewin 7	Atla 35	Bergdis 28
72 47	Alcis 12	Atli 37	Bergelmir 6
80 47	Alf 6	Atward 20	Bergriese 6
90 47	Alf 32	Auchoff 34	Berg-Zwerge 32
99 47	Alfarin 34	Aud 20	Berling 32
100 47	Alfen 36	Auerhahn 40	Bertha 28
120 47	Alfhild 31	Auge 63	Berserker 62
300 47	Alfrigg 32	Augenbraue 63	Bertram 45

Bertramsgarbe 45	Bragi 19	Diurnir 7	Eiche 53
Besen => Stab	Bragi-Riesin 35	Dofri 34	Eicheln 45
besonderer Schrei 64	Brak 16	Dolgtrasir 32	Eichhörnchen 44
Bestattung 64	Brana 35	Donnerrebe 45	Eid 68
Bestla 35	Brandingi 5	Dori 32	Eik 28
Betonica 45	braun 46	Dorn => Schlafdorn 55	Eikinskjaldi 32
Beyla 39	Brenner 39		Eimer 67
Biber 44	Brezel-Ornament 64	Drachen 41	Eimgeitir 35
Biene 40	Brimir 33	Drachenblut => Drachen	Eimyria 35
Bifröst 49	Brisingamen 60		Einäugigkeit 63
Bifur 32	Brokk 32	Drachenschiff 55	Einheer 34
Bikki 16	Brombeere 45	Drasian 6	Einweihung 50
Bil 29	Brücke 49	Draupnir (Zwerg) 32	Eir 29
Bild 7	Bruderkampf 55	dreifarbiger Stein 67	Eir 31
Billing 5	Brüngerd 35	dreiköpfiger Riese 5	Eis 52
Billing 7	Brünhild 31	drei Riesinnen 35	Eisa 35
Bilsenkraut 45	Bruni 5	drei wahre Worte 64	Eisen 55
Birkhuhn 40	Bruni 32	Drifa 35	Eisenkraut 45
Biört 29	Brünne 66	dritter Bruder 55	Eisriesen 34
Björgolfr 6	Brunnen 49	Dröfn 35	Eistla 35
Björgulfr 34	Buri 34	Drossel 40	Eisurfala 35
Blain 33	Bryja 35	Drudgelmir 5	Eiymyria 35
Blapthvari 34	Bryla 34	Duf 32	Ekstase-Kieger 62
Blasebalg 67	Bryngerd 28	Dufa 35	Elch 42
blau 46	Buri (Zwerg) 32	Dufr 32	Eldhrimnir 57
Blau-Menschen 36	Buseyra 35	Dulin 32	Eldir 39
Blau-Riesen 36	Byggvir 39	Dumbr 6	Eldr 34
blau-schwarz 46	Byleist 20	Dunneir 32	Elefant 42
Blick 63	Bylgia 35	Durathor 32	Elendshaut => Hel-Haut
Blid 29	**Comandion** 7	Durin 32	
Blidur 29	**Dag** 48	Durnir 32	Else 35
Blind 16	Dagfinnr 32	Durnir 34	Erde 52
Blindheit 63	Dain 32	Düsterwald 49	Embla 28
Blodughadda 35	Dalar 32	Dwalin 32	Embla 39
Blutsbrüder 55	Dalr 32	**Eber** 42	Ente 40
Bödhild 28	Delling 20	Eberesche 45	Erce 20
Bogen 66	Delling 48	Edda (vollständig) 77	Erdbeben 55
Bömbur 32	Dellingr 32	Efeu 45	Erste Ursache 55
Bölthorn 5	Delphin 44	Egdir 5	Eschenholzkasten => Kiste 57
Borr 34	Dietwarta 29	Egil 39	
Botewart 7	Disen 36	Ei 40	Esel 42
Both 20	Distel 45	Eibe 45	Estroval 39

Eugel 7	Fiölvör 35	Frühlingstagund-	Geitla 35
Eule 40	Fiörgyn 20	nachtgleiche 54	Geitir 35
Eyrgjafa 35	Fiörgyn 23	Fulla 29	gelb 46
Faden 55	Fisch 44	Fullas Haarreif 60	Geliebter der Gefion 6
Fafnir (Zwerg) 32	Fjölverkr 34	Fullafle 34	
Fährmann 49	Fjötra 29	Fundin 32	Gerber-Schaber 67
Fala 35	Flachs 45	Fuß 63	Gerdr 28
Falkenkleid:	Flegda 35	Fylgia 50	Geri 43
- der Freya 40	Fleur-de-lys 55	Fynir 6	Gespenst 50
- der Frigg 40	Fleggr 34	Fynir 34	Gestaltwandel => Verwandlung
Falke 40	Fliege 40	**Galar** 32	
Fallar 32	Fluch 68	Galarr 34	Gesang 68
Farbauti 6	Flügel des Wieland 40	Galdr 64	Gestilja 35
Farn 45		Gallapfel 45	Getreide 45
Farseti 6	Flügelschuhe 67	Gandalf 32	Gewöhnlicher Flachbärlapp 45
Faulheit =>	Flugschuhe des Loki 40	Ganglati 34	
Feuersitzen 55		Ganglot 6	Geysa 35
Feima 35	Fluß 49	Gangr 34	Gialar 32
Fenchel 45	Frägr 32	Gangr 33	Gift 70
Fenja 28	Franmar 37	Gans 40	Gifur 43
Fenrir 6	Frar 32	Gänsefuß 45	Gigas 6
Fenrir 43	Freki 43	Garm 43	Gilling 6
Fernhypnose 64	Freya 22	Gautan 39	Gillings Frau 28
Ferse 63	frühe Skaldenlieder 78	Gautrek-Saga => Snotra	Ginnar 32
Fessel 66			Ginnungagap 49
Fessel-Zauber 64	Freyr 15	Geban 20	Gjalp 35
Feuer 55	Fried 29	Geburts-Orakel 64	Glamr 34
Feuersitzen 55	Friedenszauber 6	Gefäße 57	Glatundshundr 43
Feuerzauber 64	Fridr 29	Gefion 20	Glaumar 34
Fialar 32	Frigg 21	Gefion-Geliebter 6	Glaumarr 34
Fid 32	Folde 20	Gefiun 20	Glaumr 6
Fieberkraut 45	Fonn 34	Gefjon 20	Glenr 48
Fili 32	Forat 35	Geist 50	Glitni 5
Fimafeng 39	Forelle 44	Geier 40	Glöd 35
Fimbulwinter 55	Fornjotr 6	Geirahöd 31	Gloi 32
Finger 63	Forseti 19	Geiravör 31	Glück 64
Finnalf 5	Frosti 32	Geirdriful 31	Glückstrank 70
Finnar 32	Frosti 34	Geirönul 31	Glumra 35
Finnmark-Riese 34	Fruchtbarkeit 64	Geirröd 5	Glymra 35
Fiölkald 34	Fuchs 43	Geirrota 31	Gna 29
Fiölmor 39	Frauenhaarfarn 45	Geirskögul 31	Gneip 35
Fiölnir 20	Frühling 54	Geitir 6	Gnepja 35

Goi 34	Grotunagard 52	Har 32	Hel-Haut 49
Gold 55	grün 46	Hära 35	Helidi 27
Goldalter 55	Gryla 35	Hardbeen 6	Hellebarde 66
Goldemar 7	Gudr 31	Hardgreip 35	Helreginn 5
golden 46	Gudrun 31	Hardgreipir 34	Helm 66
Goldhelm 66	Gudmund 5	Hardverkr 34	Hengikefta 35
Goldhörner von	Gullnir 5	Harek Eisenkopf 6	Hengiköpt 6
Gallehus 57	Gullveig 29	Harfe 57	Hengjankapta 35
Göll 31	Guma 35	Harz 45	Hepti 32
Golnir 5	Gundelrebe 45	Hase 44	Herbst 54
Göndul 31	Gunn 31	Hasel 45	Herbsttagundnacht-
Gorr 34	Gunnlöd 28	Hastingi 34	gleiche 54
Görsemi 29	Gunnthinga 31	Hati 5	Herche 20
Götter 36	Gürtel 60	Hati 43	Herdentiere 42
Götterdämmerung 55	Gusir 6	Hattatal 77	Herdentierfell 42
Götterkampf 55	Gygr 35	Haudr 20	Herfjötur 31
Göttermet 69	Gylfaginning 77	Haugspori 32	Hergrim Halbtroll 5
Götter-Tiere 44	Gyllir 5	Haym 34	Hergunnur 35
Gottesurteil 64	Gyllir 34	Hecht 44	Heri 32
Gurgelbiß 55	Gyma 20	Hedin 39	Herja 31
Grab 49	Gymir 5	Hedin und Högni 79	Herkir 6
Grani 6	**Haarband** 60	Hefring 35	Herkja 35
grau 46	Haare 63	Heid 35	Hermodr 37
Grendel 5	Habicht 40	Heiddraupnir 5	Hertha 28
Grendels Mutter 35	Hafle 34	Heide 49	Hervor => Heidrek
Greppur 34	Hafli 5	Heidrek 39	Hervor und Heidrek
Grer 32	Hafthi 39	Heidungi 6	=> Heidrek
Grid 28	Hagen 16	Heilige Hochzeit =>	Herz 63
Grid 35	Hahn 40	Wiederzeugung 55	Hexe 58
Grim 5	Hala 35	Heiliger Hain =	Hianka 31
Grim 39	Halfdan 39	Weltenbaum 52	Hidde 34
Grima 35	Halfdan Brana-	Heilung 64	Hild 31
Grimhild 31	Ziehsohn 79	Heilziest 45	Hildolf 5
Grimling 5	Halfdan Eisteinson 79	Heimdall 8	Hildolf 20
Grimnir 5	Hamdir 39	Heimir 39	Himingläva 35
Grim Struppig-Wange	Hamingja 50	Heinir 34	Himmel 52
79	Hammer 66	Heith 35	Himmelsrichtungs-
Grip 35	Hand 63	Heithdraupnir 5	Mandala 54
Gripir 34	Handschuhe 60	Hel 26	Himmelsträger-
Grissa 35	Hanf 45	Helblindi 20	Zwerge 32
Groa 28	Hannar 32	Helgi 39	Hirsch 42
Grottintanna 35	Hantel-Symbol 55	Helgi Thorisson 79	Hjaltrimul 31

Hjortrimul 31
Hjötra 28
Hjuki 29
Hläwang 32
Hlebard 6
Hleidr 35
Hler 10
Hlidolf 32
Hlif 29
Hlifthursa 29
Hlin 29
Hlodyn 20
Hlödyn 20
Hloi 34
Hlöll 31
Hlora 35
Hnoss 29
Hochsitz 57
Hochsitzsäulen 57
Hoddraupnir 5
Hoddrofnir 5
Hödur 19
Hofund 19
Höggstari 32
Högni 16
Högni 39
höhere Mächte 36
Holmgang =>
Zweikampf 55
Holunder 45
Homöopathie 64
Honig 40
Honigtau 45
Hönir 18
Horn 57
Horn (Riesin) 35
Hörn 29
Hörn 35
Horn-Neb 35
Hornbori 32
Hraesvelgr 6
Hrafnhild 35

Hraudnir 6
Hraudungr 5
Hrede 29
Hreidmar 7
Hremsa 35
Hrimgerdr 28
Hrimgerdr 35
Hrimgrimnir 34
Hrimnir 34
Hrim-Riesen 34
Hrimthurs 34
Hringi 5
Hringvölnir 5
Hripstodr 34
Hrist 31
Hrist 29
Hrisungr 6
Hroarr 5
Hrod 35
Hrodwitnir 5
Hrodwitnir 43
Hrökkvir 6
Hrönn 35
Hrossthjofr 34
Hrotti 5
Hruga 28
Hrungnir 5
Hrungnir-Herz 67
Hryggda 35
Hyria 35
Hrym 34
Hrund 31
Hügelgrab 49
Hugin 40
Huhn 40
Huldar 28
Hund 43
Hundalfr 6
Hunding 16
Hvalr 6
Hvedra 35
Hvedrungr 16

Hymir 6
Hymnen an die Götter 80
Hyndla 26
Hypnose 64
Hyrrokkin 26
Idi 34
Idun 25
Igel 44
Illugi Grid-Ziehsohn 79
Ilmr 29
Ima 35
Imd 35
Imgerdr 35
Imr 6
Imsigul 34
Imth 35
In 20
Ingibjörg 29
Ingibiörg 31
Intuition 64
Inzest 51
Irmin 20
Irpa 29
Istwas 20
Itrek 5
Itreksjod 5
Itreksjod 20
Ividja 35
Iwaldi 5
Iwalt 5
Iwiedie 29
Jari 32
Jamtaland-Zwerg 7
Jarngerdr 28
Jarnglumra 35
Jarnhauss 6
Jarnnef 34
Jarnsaxa 28
Jarnvidja 35
Jenseits 49

Jenseitsbarke 49
Jenseitsberge 49
Jenseitsbrücke 49
Jenseitsfährmann 49
Jenseitsfluß 49
Jenseitsgrenzen-Landkarte 49
Jenseitshalle 49
Jenseitsinsel 49
Jenseitsleiter 49
Jenseitsmauer 49
Jenseitsreise 49
Jenseitstor 49
Jenseitstor-Gitter 49
Jenseitstor-Hund 49
Jenseitswächter 49
Jenseitswald 49
Jenseitswasser =>
Wasser 49
Jenseitsweg 49
Johanniskraut 45
Jokul 34
Jokul Eisenrücken 34
Jörd 23
Jomali 20
Jörmungandr 41
Jörmunrek 39
Jorunn 29
Jötunn 6
Jotunbjorn 6
Julnacht 54
Käfer 40
Kaldgrani 34
Kamille 45
Kampfmagie 64
Kannibalismus 55
Kara 31
Karabin 34
Kari 6
Katze 43
Kausalität 55
Keila 34

Keiler 42	**Lachanfall** 64	Luchs 43	Miötwitnir 32
Kenningar 75	Lachen 55	Lutr 34	Mjoll 34
Kerbel 45	Lachs 44	Lyngheid 35	Modgudr 29
Kessel 57	Landgeister 36	**Magni** 19	Modgudr 31
Keule 66	Lauch 45	Malseron 34	Modi 19
Kiebitz 40	Laufey 26	Mana 35	Modrädnir 32
Kili 32	Laurin 7	Managarm 43	Modsognir 7
Kisi 34	Laus 40	Mannus 20	Mögthrasir 6
Kiste 57	Leber 63	Mardalla 27	Moin 32
Kjallandi 6	Leib 63	Marder 43	Mökkurkjalfi 6
Kjallandi 35	Leidi 34	Margerdr 35	Molda 35
Klaufi 34	Leifi 6	Margerthur 35	Mona 20
Klee 45	Leifnir 6	Mangold 45	Mond 48
Kleima 35	Leikn 35	Mantel 67	Mondul 32
Knochen 67	Leimrute 66	Mantel der Nanna 67	Moosfrau von Saalfeld 32
Knoten 64	Leiter 49	Marnar 29	Moosleute von Arntschgereute 32
Kobolde 36	Leirvör 35	Märzviole 45	
Kol der Bucklige 39	Leopard 43	Maske => Helm	
Kolfrosta 28	Lerche 40	Maus 44	Mörn 35
Kolga 35	Lidskialf 20	Meer 49	Möwe 40
Kopf 63	Liebestrank 70	Meer der Zeit 55	Mühle 66
Kormoran 40	Liebeszauber 64	Meer-Menschen 36	Mundilfari 6
Korn 45	Lif 39	Mehlbeere 45	Munin 40
Körperteile 65	Lifthrasir 39	Mehltau 45	Munnharpa 35
Köttr 34	Litr 6	Meili 9	Münze 67
Kraftgütel => Gürtel	Litr 32	Meise 40	Muspel 6
Krähe 40	Ljod 29	Menglöd 22	Muspelheim => Feuer 52
Kraka 31	Ljota 35	Menja 28	
Kranich 40	Lodin 6	Menschenopfer 64	Myrkrida 35
Kräuter 45	Lodinfingra 35	Messer 66	Myrkvid 49
Kreppvör 35	Lodur 16	Midgard 52	**Nabbi** 32
Kriegerin 62	Lofar 7	Midgardschlange 41	Nacktheit 60
Kreuzblume 45	Lofn 29	Midi 6	Nadel 55
Kreuzkraut 45	Lofnheid 35	Midjungr 34	Nägel 55
Krönung 64	Logi 34	Midwitnir 6	Naglfar 49
Kröte 44	Loki 16	Mimir 6	Nain 32
Kuckuck 40	Loni 32	Mist 31	Nali 32
Kuril 6	Lopthoena 28	Mistel 45	Namensgebung 64
Kult 55	Lori 35	Mistkäfer 40	Nanna 21
Kundalini 64	Loricus 6	Mittelpfeiler => Yggdrasil	Nauma (Hel) 35
Kwasir 20	Löwe 43		Nar 32
Kyrmir 6	Löwenmäulchen 45	Mittsommer 54	Narfi 6

Nari Loki-Sohn 19	Nyi 32	Priester 60	Ringkampf 55
Nati 6	Nyr 32	Priesterin 58	Rist 31
Naudir 36	Nyrad 32	Prolog (Edda) 77	Robbe 44
Nebel 64	**Oddrun** 31	Prophezeiung 71	Rögnir 7
Nefia 35	Odin 13/14	Pukis 36	Rose 45
Nehalennia 29	Odr 20	**Rabe** 40	Röskva 37
Neri 30	Ofoti 5	Rad 67	rot 46
Neris Schwester 30	Öflugbarda 35	Radgrid 31	rota 31
Nerthus 28	Öflugbardi 6	Radvör 35	Rotkehlchen 40
Nepr 20	Ogautan 39	Ragnar Lodenhose 39	Rücken 63
Nessel 45	Ogladnir 6	Ragnarök 55	Rud 35
Netz 67	Ogn 35	Ran 27	Rudent 6
Neuentstehung aus den Knochen 55	Ohr 63	Randalin 31	Rudi 34
	Oin 7	Randgnid 31	Runa 35
neun Heimdall-Mütter 35	Olius 32	Randgrid 31	Runen 72
	Ölwaldi 5	Rangbeinn 5	Runenkästchen von Auzon => Kiste
neun Schwestern 35	Omen 71	Rasereitrank 70	
Niblung 7	Onarr 48	Raswid 32	Runenstein 64
Niblung 39	Öndudr 6	Rätsel 76	Runenstein von Ardre 64
Nicor 34	Onn 32	Raud 34	
Nid 64	Opfer 64	Raugnir 34	Rußland-Riese 6
Nidi 32	Orakel 71	Raum 6	Rütze 35
Nidr 28	Oregano 45	Reck 32	Rygi 35
Nidud 16	Ori 32	Regenbogenbrücke 49	**Saemdill** 6
Nieswurz 45	Örnir 6		Saga 28
Niflheim => Eis 52	Ortnit 34	Regin 7	Sährimnir 42
Niping 32	Ösgrui 5	Reginleif 31	Säkarsmuli 6
Nirdir 10	Öskrudr 34	Reiher 40	Salbei 45
Niola 48	Ostara 29	Rentier 42	Salfangr 6
Njola 48	Osten 54	Riesen auf der West-Insel 6	Sam 34
Njörd 10	Otr 32		Sämingr 39
Njörun 29	Otter 44	Riesen-Baumeister 6	Sanngrid 31
Nölvi 10	Otunfaxe 39	Riesen von Feldkirchen 34	Sati 51
Norden 54	**Penis** 55		Säule => Weltenbaum 52
Nordosten 54	Perchta 28	Riesen von Lichtenberg 35	
Nordri 32	persönliches Glück 64		Saxnot 20
Nordwesten 54	Pfeil 66	Rifingalfa 35	Sceaf 20
Nori 32	Pferd 42	Rifingöflu 35	Schachtelhalm 45
Nornen 30	Pferdezwillinge 12	Rigingöflu 35	Schädelschale 63
Norr 34	Pflug 67	Rind 42	Schadenszauber 64
Norr 48	Phol 9	Rindr 20	Schaf 42
Nott 48	Polygamie 55	Ring 57	Schafgarbe 45

109

Schaumkraut 45
Schierling 45
Schild 66
Schlafdorn 55
Schlangen 41
Schlangenauge 63
Schlangengrube 49
Schlangenzunge 63
Schleifstein => Wetzstein
Schmetterling 40
Schmied 4
Schmied 55
Schnecke 44
Schneeweiß-Goldschöne 28
Schuh 63
Schutzgeist => Fylgja/Hamingja
Schutzzauber 64
Schwalbe 40
Schwan 40
Schwanenkleider der Walküren 40
Schweden-Riese 6
Schwein 42
Schwert 66
Schwitzhütte 64
sechsköpfiger Riese 6
Seehund 44
Seekuh 44
Seelenvogel 40
Seelenvogel 50
Segen 68
Seher 60
Seherin 58
Seidelbast 45
Seidr 64
Sel 6
seltsamer dritter Bruder 55
Sense 67

Siar 32
Sichel => Sense
sieben Schwestern 28
Siegfried 38
Sieglind 31
Siegstein 67
Sif 24
Sigdrifa 31
Sigurd 38
Sigi 39
Sigrlami 39
Sigrun 31
Sigyn 28
silbern 46
Simul 31
Sinmara 28
Sindri 32
Sinthgunt 29
Sivör 35
Sjuld 31
Skadi 20
Skafid 32
Skalden 61
Skaldatal 77
Skaldenlieder 78
Skaldinnen 61
Skalli 34
Skalmöld 31
Skadskaparmal 77
Skärir 5
Skeggiöld 31
Skidbladnir 49
Skimsli 5
Skirnir 37
Skirkjar 35
Skirwir 32
Skjalf 29
Skjalv 34
Skjellinefja 29
Skjöldr 39
Skögul 31
Sköll 43

Skorpion 40
Skrati 34
Skrymir 5
Skrimnir 5
Skuld 30
Slagfid 39
Sleggja 35
Snae 34
Snotra 29
Solbiart 5
Sohn der Freya 19
Sohn des Freyr 19
Solblindi 5
Sölfn 29
Sommer 54
Somr 5
Sonne 48
Sonnengöttin 48
Sonnenhymne 64
sonstige Magie 64
Sörli 39
Spatz 40
Specht 40
Speer 66
Sperber 40
sprechende Tiere 41
Sprichworte 74
Spindel 55
Spinnerin 55
Spiritus familiaris 36
Sprettingr 5
Stab 67
Starkad 6
Starkad 39
Stärketrank 70
Statue 57
Stein 64
Steine und Edelsteine 64
Steinigung 55
Stern 48
Sternbild 48

Sternbild 55
Stigandi 5
Storch 40
Storkvid 34
Stoverkr 34
Strahlen-Breitsame 45
Strudel 49
Struthan 34
Stumi 5
stumm 63
Süden 54
Südosten 54
Sudri 32
Südwesten 54
Surtur 6
Suttung 6
Svada 5
Svadi 5
Svaf 7
Svarangr 5
Svasudr 6
Svatr 6
Sveid 31
Sveipinfalda 35
Svidi 6
Svip 5
Svipul 31
Svivör 31
Swaf 20
Swanhild 31
Swanwit 31
Swawa 31
Swior 32
Swipdag 20
Syn 29
Syr 29
Tafl 57
Tal 52
Tamfana 29
Tarn-Kappe 67
Tarn-Umhang 67

Tasche 60
Tätowierungen 55
Tattoo 60
Tau 52
Taufe 64
Teer 45
Telemark-Riese 5
Telepathie 64
Teller 57
Tempel 56
Teufelsabbiß 45
Thagnar 31
Theck 32
Thialfi 37
Thiazi 5
Thing 73
Thiodwitnir 34
Thistilbardi 34
Thjodrerir 7
Thögn 31
Thökk 35
Thor 17
Thora 28
Thorgerdr Hölgabrudr 29
Thorin 7
Thorir 6
Thorn 5
Thorstein Haus-Macht 79
Thrain 32
Thrasir 6
Thrigeitir 5
Thrivaldi 5
Thröng 29
Thror 7
Thror 20
Thror 32
Thorri 34
Thrud 31
Thrudgelmir 5
Thrudr 29

Thrungva 29
Thrym 6
Thulur 77
Thundr 6
Thundr 29
Thurbiörd 35
Tiere 44
Tiere der Götter 44
Tierfelle 60
Tierfelle bei Hinrichtungen 67
Tor 49
Torfa 35
Tote wiederbeleben 64
Tragestange 67
Trana 35
Traum 71
Traumdeutung 71
Traumfrau 31
Trima 31
Trolle 36
Trona 35
Tuch 57
Tuisto 20
Tuisto 33
Turm 56
Tyr 3
Tyr-Riesen 5
Udr 35
Uffe 39
Ulfhedinn 62
Ulfrun 35
Ullr 11
Umhang => Mantel 60
Uni 20
Unn 35
Unsichtbarkeit 64
Unsichtbarkeits-Stein 67
Urd 30

Uri 20
Utgard 52
Utgardloki 6
Ungeheur 41
Utiseta 50
Vagnhöftdi 34
Valbrandur 5
Vali Loki-Sohn 19
Valthögn 31
Vandil 5
Vandlir 5
Var 29
Vardrun 28
Vardrun 35
Vardruna 35
Vasad 6
Vatermord 55
Velle 5
Venus 48
Verbene 45
Verdandi 30
Vervielfältigung von Körperteilen 65
Vergessenheitstrank 70
Verirren auf der Hirschjagd 55
Verr 34
Verwandlung:
- einer Frau in einen Mann 65
- einer Frau in eine andere Frau 65
- eines Mannes in eine Frau 65
- in Adler 65
- in Bär 65
- in Drache 65
- in Eber 65
- in Falke 65
- in Fliege 65
- in Floh 65

- in Fuchs 65
- in Geier 65
- in Habicht 65
- in Hecht 65
- in Hirsch 65
- in Hund 65
- in Krähe 65
- in Lachs 65
- in Löwe 65
- in Mücke 65
- in Otter 65
- in Pferd 65
- in Rabe 65
- in Rind 65
- in Robbe 65
- in Schlange 65
- in Schwalbe 65
- in Schwan 65
- in Seekuh 65
- in Spinne 65
- in Tier 65
- in Vogel 65
- in Wal 65
- in Walroß 65
- in Widder 65
- in Wolf 65
- in Ziege 65
- in Ziegenbock 65
Vidblindi 5
Viddi 34
Vidgreipr 34
Vidgymir 5
Vifflöd 29
Vignir 34
Vikarr 6
vier Riesen-Ritter 34
vier Stier-Riesen 34
viertüriges Haus 52
Vilja 20
Vindr 34
Vingnir 6
Vingrip 34

Vipar 34	Wegwarte 45	Winter 54	Zwerge 32
Vogel 40	Weig 32	Winteranfang 54	Zwerge:
Vogelsprache 64	Weihung => Segen	Wirwir 32	- im Berg 32
Volkrast 7	Weinen 55	Witr 32	- im Gebirge 32
Vör 29	weiß 46	Witwen-Selbstmord 51	- Kuttenberg 32
Vörnir 34	Weisheiten 74	Wolf 43	- Untersberg 32
Vulkan-Riese 34	Weisheitstrank 70	Wolfsfell 62	- Blankenburg 32
Waage 64	Weißstern 39	Wortschatz Magie 64	- Bonikau 32
Waberlohe 49	Weltenbaum 53	Wohlstandszauber 64	- Dardesheim 32
Wächter 49	Weltesche 53	Wucherblume 45	- Eilenburg 32
Wafthrudnir 6	Wespe 40	Wurzel 45	- Elbogen 32
Wagen 67	Westen 54	Wyrd 30	- Glaß 32
Wagnhofde 6	Westri 32	**Yggdrasil** 53	- Hohenstein 32
Wal 44	Wetter 64	Ymir 33	- Heilingsfelsen 32
Wälder =>	Wettlauf 55	Ymis 33	- Nünberg 32
Weltenbaum 52	Wetttrinken 55	Yngvi 32	- Osenberg 32
Wald-Riesin 35	Wetzstein 67	**Zahlen** 47	- Plesse 32
Wali 19	Wichte 36	Zähne 63	- Rosenberg 32
Wali 32	Widar 19	Zauberer 59	- Selbitz 32
Walküren 31	Widfinnr 5	Zauberin 58	- Sion 32
Walnuß 45	Wiedergeburt 51	Zaubersprüche 68	Zwerg:
Walroß 44	Wiederholungen 55	Zeh 63	- Gebirge 32
Waltam 20	Wiederzeugung 51	Ziegen 42	- Kyffhäuser 32
Wandteppich => Tempel	Wieland 4	Zisa 29	- Hohenstein 32
	Wiesel 43	Zunge 63	- Dresden 32
Wanen 36	Wig 32	Zweikampf 73	- Hoia 32
Warkald 6	Wigrid 55	zweiköpfige Riesen 34	- Lützen 32
Warr 20	Wili 20		- Ralligen 32
Wasser 52	Wili (Zwerg) 32	zwei Zwerge 32	- Rantzau 32
We 20	Wind (Magie) 64	Zwerg auf dem Felsen 32	- Scherfenberg 32
Weberin 55	Wind 52		- Thorgau 32
Wegdrasil 20	Windalf 32	Zwergberg zu Aachen 32	Zwillinge 55
Wegerich 45	Windloni 6		
Wegetritt 45	Windswal 6		